Die Weine Kaliforniens

FALKEN *Vinum*

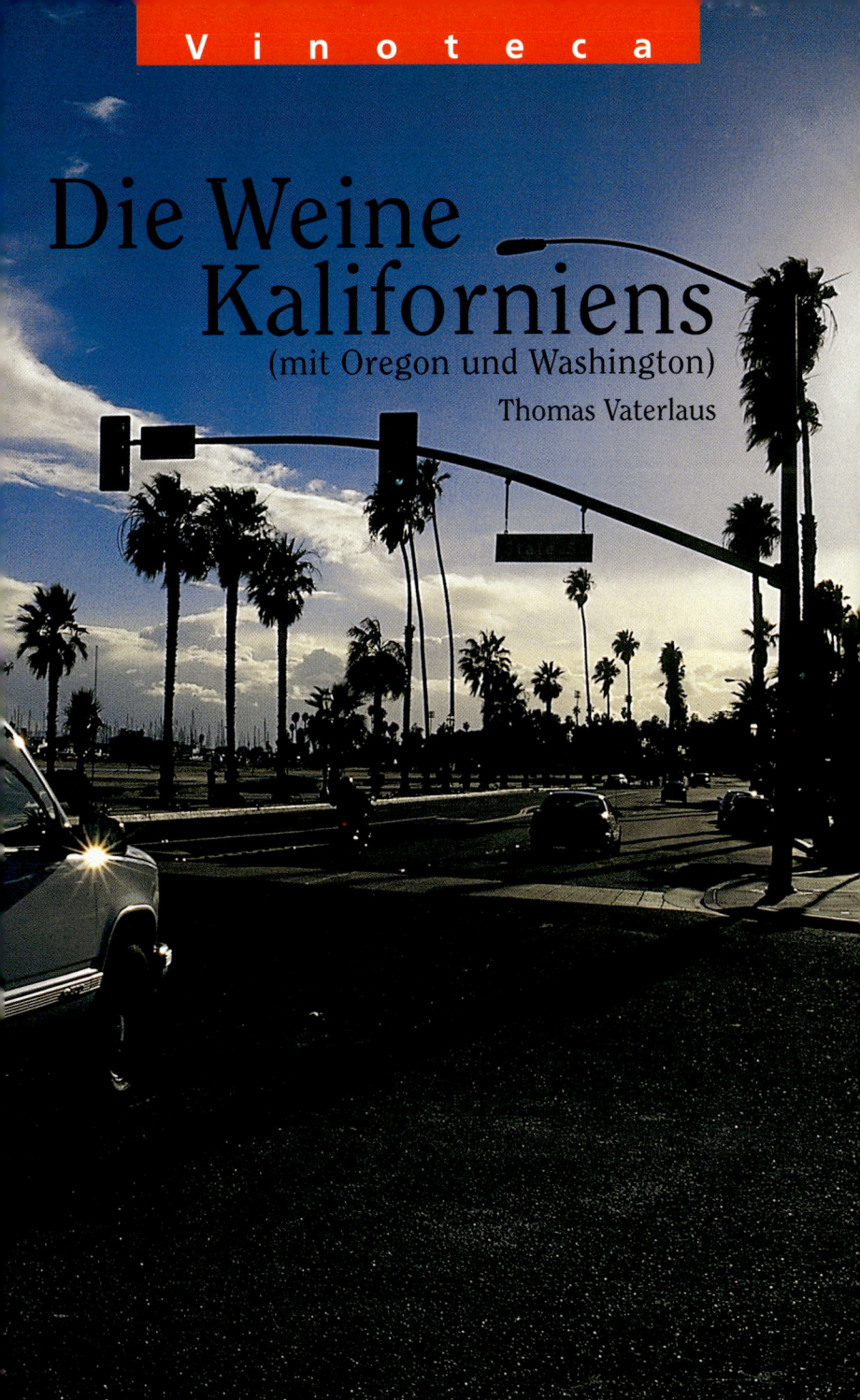

Vinoteca

Die Weine Kaliforniens

(mit Oregon und Washington)

Thomas Vaterlaus

Unbegrenzte «Wein-Möglichkeiten»

Wie die Westküste der USA
(inklusive der Staaten
Oregon und Washington) zu
einer weltweit führenden
Weinregion wurde.

Seite 8

Der Weg zum Wein Ihrer Wünsche

Was die Gewächse
Kaliforniens, Oregons und
Washingtons so einzigartig
macht und wie die Wahl
nicht zur Qual wird.

Seite 12

Die Vielfalt der «Westcoast»-Weine

Von den üppigen Pinot Noirs
aus Oregon über die Cabernets und Chardonnays von
Napa und Sonoma bis zu
den voluminösen Syrahs der
Central Coast bei Santa
Barbara.

Seite 28

Die kulinarischen Hochzeiten

Von der grenzenlosen Kreativität der kalifornischen Küche und den dazu passenden Weinen.

Die schönsten Güter, die besten Weine

Ein Führer durch die boomende Weinszene der Westküste. Von den renommierten Häusern bis zu den neuen, aufstrebenden Winzer-Stars.

Gut einkaufen, klug einkellern, richtig servieren

Eine praktische Anleitung, wo Sie die Weine Ihrer Wünsche am besten einkaufen und wie Sie damit umgehen.

Der Highway zum Wein

Scheinbar endlos schlängelt sich der Highway 101 am
Pazifik entlang, von den knorrigen Fichten Oregons zu
den Palmen am Strand von Santa Barbara. Man fährt
durch verschiedenste Klimazonen, die ein Potenzial für
große Weine haben. Und immer offenbaren diese
Weine mehr als ihr Terroir, nämlich Charakter und
Philosophie der Menschen, die sie erzeugen. Sind
manche Pinots aus Oregon nicht das Ebenbild ihrer
europäisch-intellektuell wirkenden Schöpfer? Weiter
im Süden das Herz des amerikanischen Weinbaus: das
Napa Valley mit seinen großartigen Cabernet Sauvignon-Weinen und Kellereien, die es wie nirgendwo auf
der Welt verstehen, den Besuchern bleibende Wein-
erlebnisse zu vermitteln. Weitere 800 Kilometer südlich, nicht mehr weit von Los Angeles entfernt: die
opulenten Syrah-Weine von Santa Barbara.
Die Wein-Geschichte an Amerikas Westküste ist noch
jung. Unsere Weine müssen sich folglich nicht an einer
jahrhundertalten Tradition messen wie im Burgund
oder der Toskana. Die Wegbereiter des «Westcoast»-
Weins verstanden es, diesen Freiraum zu nutzen. Sie
ließen sich mit Pioniergeist und Ehrgeiz auf das Aben-
teuer Wein ein und schrieben eine «Neue Welt»-Er-
folgsgeschichte, die vielleicht «typisch amerikanisch»
erscheinen mag. Mein Vater Robert Mondavi begann
Mitte der Sechzigerjahre mit nicht viel mehr als einem
Weinberg und der Vision, dass es in Kalifornien
möglich sein muss, Weine zu produzieren, die zu den
besten der Welt gehören. Heute dürfen wir mit Stolz
feststellen, dass sich diese Vision erfüllt hat.

Tim Modavi

Unbegrenzte Wein-Möglichkeiten

Noch in den Sechzigerjahren gab es Kalifornien kaum mehr als eine Handvoll Weingüter. Und in Europa waren Weine von jenseits des Atlantiks damals vollständig unbekannt. In den letzten 30 Jahren erlebte der Weinbau an der Westküste der USA einen beispiellosen Boom. Heute wird in einem rund 1600 Kilometer langen Küstenband zwischen Seattle im Staate Washington und Los Angeles Weinbau betrieben. Und weil man dank wissenschaftlicher Studien immer exakter weiß, welche Traubensorten in welchen Regionen das größte Potenzial entwickeln, ist das Weinwunder an der Westcoast noch lange nicht zu Ende.

Den Anfang machten franziskanische Missionare in der Region von Los Angeles. Sie brauchten Wein für das heilige Abendmahl und kultivierten deshalb ab dem Jahr 1779 erstmals europäische Traubensorten, die aber kaum ansprechende Weine hervorbrachten. Trotzdem eroberte der Wein im Gefolge der Geistlichen, die nach Norden zogen und ihren Weg Camino Real nannten, allmählich die Westküste. Die erste Domäne im klassischen Sinne dürfte ein Franzose namens Jean-Louis Vignes betrieben haben, der ab 1830 auf einer Farm nahe Los Angeles veredelte europäische Sorten anpflanzte. 1847 trat Mexiko schließlich Kalifornien an die Union der amerikanischen Staaten ab. Nur ein Jahr später wurde am Sacramento River bei San Francisco Gold gefunden. Auch der Weinbau verlegte sich in der Folge zur San Francisco Bay, wo der Goldrush einen allgemeinen Boom auslöste. Einwanderer wie Charles Krug oder Jakob Beringer gaben der Weinbranche wichtige Impulse.

Berühmte Namen

Schriftsteller und Künstler waren von Anfang an mit dem Weinbau in Kalifornien verbunden. Das Gut Niebaum-Coppola etwa, das mit dem «Rubicon» einen der prestigeträchtigsten Cabernets des Napa Valleys produziert, gehört dem Hollywood-Regisseur Francis Ford Coppola. Der sehr gute Zinfandel Jack London von Kenwood stammt aus einer Parzelle, die einst zur Ranch des Schriftstellers (1876 – 1916) gehörte, der mit seinen Abenteuerromanen berühmt wurde.

Um 1880 gab es in allen heute renommierten Weinregionen Kaliforniens schon Rebgärten. Um die Jahrhundertwende belief sich die Produktion auf über 1 Million Hektoliter, hauptsächlich Gutedel (Chasselas), Zinfandel und die so genannte Missions-Traube. Bereits 1880 hatte die Universität in Berkeley und später im wärmeren Davis damit begonnen, den Weinbau zu erforschen.

Reblaus und Prohibition

Der Niedergang begann schlagartig. Bis 1897 hatte die Reblaus – das Insekt war wahrscheinlich mit Rebstecklingen aus Europa eingeschleppt worden – alle kalifornischen Reben zerstört. Zwar begann man schnell damit, die europäischen Edelsorten auf reblausresistente amerikanische Unterlagsreben zu pfropfen, doch es sollte noch eine viel verhängnisvollere Katastrophe folgen. 1919 wurde in ganz Amerika die Produktion und der Verkauf von Alkohol verboten. Die Prohibition verbannte auch den Wein in den Dunstkreis des Anrüchigen und Verbotenen. Nicht nur das mühsam angeeignete Know-how, sondern auch die Weinkultur gingen verloren. Auch nachdem 1933 die Prohibition aufgehoben wurde, blieb der kalifornische Weinbau am Boden. Nach dem Zweiten Weltkrieg brachten in Europa geschulte Fachleute wie der Russe André Tchelistcheff die moderne Kellertechnik an die Westküste. Doch noch 1960 lag Kaliforniens Weinszene im Dämmerzustand.

Mondavi zeigte den Weg

1965 machte sich ein gewisser Robert Mondavi nach einem heftigen Familienstreit über den Kurs des familieneigenen Weinbaubetriebes selbstständig. Der damals immerhin schon 52-jährige hatte eine Vision:

Aufwändige Weinarchitektur: Gerade im Napa Valley haben die Weingüter, wie hier im Bild Clos Pegase, viel Geld in Renommierbauten investiert.

Er wollte Qualitätsweine produzieren, die es mit den besten der Welt, vor allem denen aus Frankreich, aufnehmen konnten. Dazu setzte er auf temperaturgesteuerte Gärung und Ausbau in kleinen Eichenholzfässern. Mondavi initiierte einen eigentlichen Wine-Rush. Hunderte ambitionierter Winzer(innen) taten es ihm gleich. Als bei einer legendären Vergleichsdegustation im Jahr 1976 in Paris schließlich die kalifornischen Weine die besten Gewächse aus Burgund und Bordeaux auf die Plätze verwiesen, hatte sich Kalifornien als führendes Weinbaugebiet weltweit etabliert. Später sorgten auch Weine aus dem pazifischen Nordwesten (Oregon und Washington) für Furore. Heute werden an der Westküste sowohl aus den Burgundersorten (Chardonnay und Pinot Noir) als auch aus den Bordeauxsorten (Cabernet Sauvignon, Cabernet Franc, Merlot) Weine von Weltruf produziert. Und der dynamische Aufschwung ist noch lange nicht zu Ende.

Kalifornien-Facts

Rebfläche:
Über 140 000 Hektar
Weinproduktion:
14 bis 17 Millionen Hektoliter (dies sind 90 Prozent der gesamten Produktion in den USA)
Weinbaubetriebe: ca. 900
Pro-Kopf-Konsum pro Jahr in den USA: ca. 7 Liter

Überall in Kalifornien findet man in den flachen Lagen großzügig konzipierte Rebgärten, die sich zur mechanischen Bearbeitung eignen.

Der Weg zum Wein Ihrer Wünsche

Dieses Kapitel zeigt Schritt für Schritt, wie Sie sich den Weinen der amerikanischen Westküste annähern können, wie Sie bei der Wahl vorgehen und welche Kriterien Sie beim Einkauf berücksichtigen sollten, damit sich Ihre Wünsche und Vorstellungen mit dem Wein Ihrer Wahl decken.

Wer etwas finden will, muss wissen, was er sucht. Das ist eine banale Weisheit, aber doch so treffend! Auf Wein bezogen heißt das: lernen, was die Qualität ausmacht, seinen eigenen Geschmack ergründen, seine Vorlieben bestimmen und seine Bedürfnisse erkennen. Wer die Sache beim Kauf amerikanischer Weine richtig angeht, wer sich den Überblick im Labyrinth des verworrenen Angebots verschafft, der wird kaum in die Irre gehen. Er wird für jeden Geschmack und jede Gelegenheit einen trefflichen Wein finden.

Was die Güte eines Weins bestimmt

Grundsätzlich sind es vier Faktoren, die den Typ und die Güte eines Weines bestimmen:
1. die Rebsorte und deren Trauben,
2. das Klima und der Boden, die in der Weinsprache mit dem Begriff «Terroir» bezeichnet werden,
3. das Können von Winzer und Weinmacher,
4. die Eigenheiten eines Jahrgangs.

Alles in allem aber ist es zum guten Ende das Zusammenwirken all dieser Elemente.
Die nebenstehenden Symbole werden Sie durch diesen Band und die ganze Buchreihe Vinoteca führen. Über die Qualität der Weine informiert die Anzahl Sterne von ★ bis ★★★★★.

Die Summe der vier Faktoren ergibt die Weinqualität:

Traubensorte

Terroir

Winzer

Jahrgang

Weinqualität ★

Vier Fragen leiten die Weinwahl

Um «Ihren» Wein zu finden, sollten Sie Ihre Wünsche und Erwartungen nach folgenden Kriterien prüfen:

Welches sind meine Vorlieben? Rot oder weiß? Sanft oder herb? Leicht oder schwer? Subtil oder wuchtig?

Ist der Wein zum sofortigen Trinken oder zum Lagern bestimmt?

Zu welcher Gelegenheit soll er passen? Zum einfachen kalten Imbiss, zu alltäglichen Gerichten oder zum Festmahl?

Was ist mir das Vergnügen wert?

Mittels Ihrer Antworten und den entsprechenden Symbolen werden Sie in diesem kleinen Ratgeber zum Wein oder zu den Weinen Ihrer Wünsche geleitet.

Das Besondere an den kalifornischen Weinen

Die kalifornische Mentalität baut auf Sonne und einen extrovertierten Lebensstil, die Amerikaner sprechen von «Fun» und «Easy Going». Auch die Weine entsprechen diesem Feeling. Im Gegensatz zu den berühmten europäischen Gewächsen, deren aristokratische Strenge oft schwer ergründbar ist, stehen die Weine Kaliforniens, Oregons und Washingtons für pure, sinnliche Frucht und frühes Trinkvergnügen. Dies gilt für weiße Sauvignon Blanc- und Chardonnay-Weine, viel mehr aber noch für die roten Gewächse aus Cabernet Sauvignon, Pinot Noir, Merlot, Syrah oder Zinfandel. Ein weiteres Merkmal vor allem der teuren Westcoast-Weine sind die Vanille- und Zedernholz-Aromen, die vom Reifeprozess in neuen Eichenfässern stammen.

Kaliforniens Wein-Vielfalt

Diese drei Flaschen symbolisieren die ganze Bandbreite des Weinbaus an Amerikas Westküste. Ein fruchtiger Sauvignon Blanc oder Chardonnay ist schon für weniger als zehn Mark zu haben, für einen opulenten, vollfruchtigen Spitzenwein aus Cabernet Sauvignon, Zinfandel oder Syrah muss man schon 50 bis maximal 100 Mark ausgeben. Zwischen diesen Extremen findet man Weine aller Preis- und Qualitätsstufen.

Trinkwein
Ein einfacher, fruchtiger Cabernet Sauvignon.
Ein angenehmer Begleiter zu alltäglichen Mahlzeiten.
Mehr dazu Seite 32.

❶ ca. DM 10,– / € 5,–

Spitzenwein
Ein guter Zinfandel hat eine konfitürige Frucht und einen vollen Körper.
Passt ideal zu kräftigen Gerichten wie Spare Ribs oder Wild.
Mehr dazu Seite 34.

❸ ab DM 20,– / € 10,–

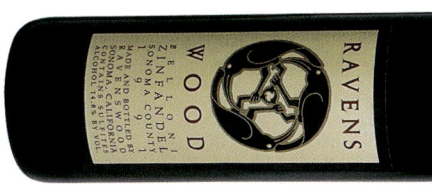

Lagerwein
Ein großer Cabernet ist fruchtig, kräuterwürzig und dicht strukturiert.
Ein idealer Begleiter zu klassischen Fleischgerichten.
Mehr dazu Seite 32.

❺ über DM 50,– / € 25,–

Typisch Kalifornien: der Zinfandel

Kein Zweifel: Sein weltweites Renommee hat sich der kalifornische Weinbau vor allem mit Chardonnay und Cabernet Sauvignon gesichert. Mit diesen Sorten beweisen die Winzer der amerikanischen Westcoast seit 20 Jahren, dass sie ebenso faszinierende Weine hervorbringen können wie die Franzosen. Andererseits sind Chardonnay und Cabernet Sauvignon eben zu «Allerweltssorten» geworden, die überall angebaut werden und längst nicht mehr so sehr zur Profilierung einer Weinbauregion beitragen wie noch vor zehn Jahren. Ganz anders die Zinfandel. Sie ist Kaliforniens wirkliche Spezialität und zugleich immer noch die weitverbreitetste Rotweintraube. Wissenschaftler glauben, die Sorte habe der gleiche Ursprung wie der Primitivo aus dem süditalienischen Apulien. Leider wird aus ihr nach wie vor zu einem beträchtlichen Teil jener blassrote, süßliche White Zinfandel gewonnen, der sich zwar als süffiger Sommerwein in Kalifornien großer Beliebtheit erfreut, doch dem Image der Sorte generell eher schadet. Diese hat nämlich durchaus ein Potenzial für hochklassige Weine. Die besten Zinfandel sind exzessive, geradezu likörig volle Weine mit einem ausgeprägten Aroma nach Himbeeren und Brombeeren.

Zweig einer Zinfandel-Rebe. Die rote Sorte wird nur in Kalifornien im großen Stil angebaut. Die Weine, die sie hervorbringt, gelten als besonders authentisch und charakteristisch für die Westküste. Leider hat der Ruf der Sorte lange unter dem kommerziellen White Zinfandel (blassrötlich und süß) gelitten. Mit kleinen Erträgen und klassischer Maischengärung ergibt er hoch konzentrierte Weine.

Die wichtigsten Rebsorten der Westcoast:
Chardonnay

Der Siegeszug der Sorte in Kalifornien begann erst, als 1976 ein Château Montelena (Napa Valley) in Paris die Burgunder ausstach. Zuerst ergab diese Sorte einen überaus wuchtig beladenen, von den Vanilletönen der Barrique dominierten Wein. Seit einigen Jahren bemühen sich die Winzer wieder um einen frischeren Stil.

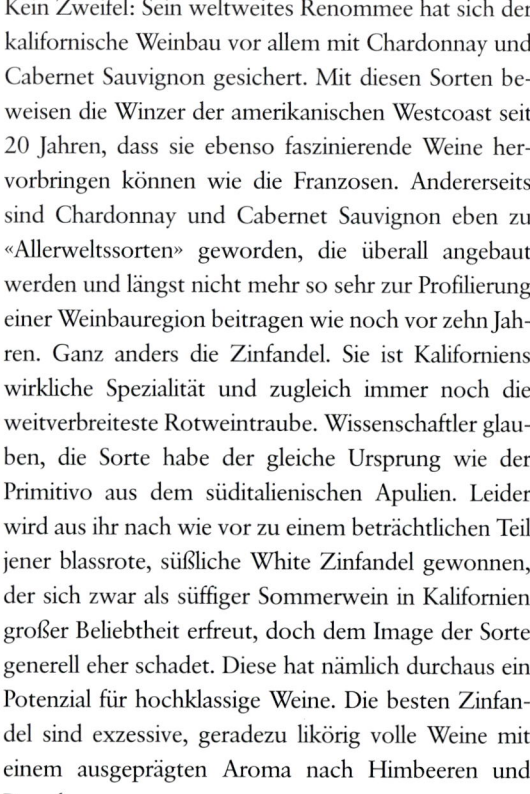

16

Sauvignon Blanc

Es gibt sie in der ganzen Bandbreite, von grasig-säure-betont bis exotisch-üppig. In Barriques vergorene Sauvignons (Fumé Blanc) können interessant sein.

Cabernet Sauvignon

Immer noch die rote Prestigesorte in Kalifornien schlechthin. Ergibt vor allem im Napa Valley großartige Weine, sowohl reinsortige aber auch in Cuvées zusamen mit Cabernet Franc, Merlot und Petit Verdot.

Das Napa Valley: Die kalte Luft, die nachts vom Pazifik kommend hierher strömt, prägt das Mikroklima.

Pinot Noir

Ergibt die besten Weine in eher kühlen Gebieten. Ein ausgezeichnetes Potenzial hat der Pinot Noir auch im Willamette Valley in Oregon. In guten Jahren entwickelt er einen ausgeprägten Geschmack nach schwarzen Kirschen. Spitzenerzeuger sind unter anderem: Ken Wright und The Beaux Frères Vineyard, beide in Oregon.

Syrah

Jahrelang galt Australien als das Syrah-Land der Neuen Weinwelt. Doch jetzt bringen die kalifornischen Winzer der South Central Coast zwischen Paso Robles und Santa Barbara immer neue hoch konzentrierte Syrah-Essenzen hervor.

Merlot

Keine andere Sorte erfreut sich – das zeigt die Zunahme bei den Anpflanzungen – einer solchen Beliebtheit. Warum nur? Die Komplexität der großen Merlots von Bordeaux erreicht die Sorte in Kalifornien nicht. Immerhin ergibt sie jenen weichen, feinfruchtigen Typus von Wein, der vor allem bei Jugendlichen in Mode ist.

Neue Zeiten – neue Sorten

In Kalifornien zeichnet sich eine Veränderung bei den Rebsorten ab. Während Sorten, die eher einfache Massenweine ergeben, an Bedeutung verlieren, gewinnen Sorten mit großem Qualitätspotenzial an Bedeutung. Zudem experimentieren die Winzer zunehmend mit europäischen Spezialitäten wie Viognier, Roussanne, Grenache und Mourvèdre aus dem Rhônetal oder Sangiovese und Barbera aus Italien.

Die Aufsteiger:
1. Syrah
2. Merlot
3. Chardonnay

Die Absteiger:
1. Colombard
2. Chenin Blanc
3. Riesling

Das Terroir der Westküste

Das Terroir, das jedem Wein seinen individuellen Charakter verleihen soll, wird bestimmt durch Mikroklima, Topografie und Bodenbeschaffenheit. In Europa sind die Weinbauregionen meistens klar in Bezug auf ihr Terroir und die auf ihm angebauten Traubensorten zu unterscheiden. Das Burgund beispielsweise wird geprägt von Kalkböden, kontinentalem Klima und den Sorten Chardonnay und Pinot Noir. Kalifornien aber ist von der Fläche her größer als Italien und erstreckt sich über mehr Breitengrade als dieses. So lässt sich der Weinbau hier nur schwer in Gebiete unterteilen, die sich vom Terroir her klar unterscheiden. Ein kleines Beispiel: Das Napa Valley nördlich von San Francisco gehört trotz seiner Lage zu den heißeren Anbaugebieten. Im 300 Kilometer weiter im Süden gelegenen Santa Barbara County dagegen ist es bedeutend kühler und nebliger. Eine verkehrte Welt sozusagen – zurückzuführen auf die höchst unterschiedlichen Einflüsse des Meeres und seiner Luftströmungen und die damit zusammenhängende Nebelbildung. Noch unübersichtlicher wird die Sache, weil Hauptsorten wie Chardonnay oder Cabernet Sauvignon in ganz Kalifornien angebaut werden. Kurz gesagt: Der Weinbau in Kalifornien, wo immer noch 90 Prozent aller Weine der USA produziert werden, ist ein höchst komplexes Puzzle, das man ausführlich studieren muss, um es wirklich zu begreifen.

Erst in den Achtzigerjahren begann man in Kalifornien damit, nach europäischem Vorbild so genannte Ursprungsgebiete zu definieren. Man nannte sie American Viticultural Area, kurz AVA. Allein in Kalifornien gibt es heute über 70 verschiedene AVAs. Sie bezeichnen Zonen mit gleichmäßigem Klima und

Während sich der Rebbau anfangs auf die flacheren Talböden konzentrierte, glauben nun ambitionierte Winzer, das in den Hügellagen die Qualitätsfaktoren besser sind.

Bodenbeschaffenheit. Dies bedeutet, dass man alleine in Kalifornien über 70 verschiedene Terroirs kennt. Sicher ist, dass die einfacheren, in großen Quantitäten produzierten Weine vor allem aus dem San Joaquin und Central Valley stammen. Dieses riesige Anbaugebiet liegt im Landesinneren im Bereich der Städte Sacramento und Fresno. Die qualitativ hoch stehenden Weine stammen alle aus den Küstengebieten. Das beste Terroir für die in Mode kommenden Rhône Sorten (Viognier, Roussanne, Syrah, Mourvèdre) scheint im Süden bei Santa Barbara und San Luis Obispo zu liegen. Die typischen, vollmundig-verführerischen Cabernet Sauvignon- und Zinfandel-Weine kommen zum überwiegenden Teil immer noch aus der North Coast bei der San Francisco Bay. Und der pazifische Nordwesten? Im kühlen Klima Oregons entwickelt sich vor allem der Pinot Noir, aber auch der Pinot Gris viel versprechend. Und in den nördlichsten Anbaugebieten der Westcoast, im Staate Washington, sorgt kurioserweise ausgerechnet der heikle Merlot für Furore. Auch die weißen Sorten Riesling und Semillon bringen jedoch erstaunliche Weine hervor.

Faktor Klima

Kalifornien wird allgemein ein mediterranes Klima nachgesagt. Dies stimmt aber nur bedingt. Die Weinbaugebiete gleichen vielmehr einem Puzzle verschiedenster Mikroklimen. Ganz generell lassen sich zwei Grundtypen unterscheiden: Im unmittelbaren Küstenbereich sorgt eine permanente Nebelbank für kühles Klima. Hier gedeihen Chardonnay, Gewürztraminer, Riesling und Pinot Noir. Im heißen Landesinneren werden Sorten wie Cabernet Sauvignon, Merlot und Syrah angebaut. In den dazwischenliegenden Hügelzügen mischen sich die beiden Klimatypen in unterschiedlichster Weise.

Kaum irgendwo findet man ein so vielfältiges Terroir wie im Napa Valley. Vulkanisches Tuffgestein (Bild) ist häufig.

Vom Winemaking zum Rebberg

Noch in den Achtzigerjahren waren die meisten Weingutsbesitzer an der amerikanischen Westküste der Meinung, dass gute Weine «gemacht» werden können. Einen Bordeaux kopieren? Kein Problem. Man müsse sich nur die Wetterdaten und die geologischen Daten von einem legendären Gut wie Château Lafite aus Bordeaux kommen lassen, dann irgendwo in Kalifornien einen Lafite-ähnlichen Standort finden und schließlich der Ernte im Keller den richtigen Schliff geben, glaubten viele. Andere wollten gar die europäischen Weinmonumente in ihre molekulare Struktur zerlegen und diese irgendwie rekonstruieren. Auch im heute weltberühmten Zentrum für Weinbau an der University of California in Davis beschäftigte man sich lange Zeit hauptsächlich mit «Winemaking». Der Name Davis ist denn auch zu einem Synonym für eine wissenschaftlich-technologisch inspirierte Form der Weinerzeugung geworden. Ein Großteil der Rebberge wird in Kalifornien auf eine weitgehend mechanische Bearbeitung hin konzipiert. Erntemaschinen ersetzten zu einem beträchtlichen Teil die traditionelle Handernte. Im Keller werden die Weine mittels kontrollierter Gärführung, optimaler Wahl von Kunsthefen, Assemblage verschiedener Sorten und oft massivem Eichenholz-Einsatz auf einem bestimmten Stil hin getrimmt. Dies im Gegensatz zu Europa, wo noch heute im Bereich des Qualitätsweins die Tradition ein wichtiger Faktor ist.

Obwohl die Winemaker sich anfänglich an den französischen Paradeweinen des Burgund und vor allem des Bordelais orientierten, entwickelten die kalifornischen Weine ab den späten Siebzigerjahren jenen eigenen Charakter, der schnell als Neue-Welt-Stil Fu-

Die Pflege der Rebberge übernehmen oft spezialisierte Firmen mit vorwiegend mexikanischen Arbeitskräften.

rore machte. Dieser zeichnete sich aus durch intensive, ausladende Frucht, süßliche Röstaromen von Holz und einen wuchtigen Körper. Mit diesen Eigenschaften eroberte der kalifornische Wein die Welt. In den letzten Jahren erkannten jene ambitionierten Weinmacher, die von Jahr zu Jahr ein Maximum an Qualität in ihre Flaschen packen wollten, dass Spitzenweine auch in Kalifornien in erster Linie im Rebberg reifen müssen. Als Folge haben viele Weinhäuser in das Anlegen neuer Rebberge investiert. Einige der berühmtesten Weine Kaliforniens sind heute keine Cuvées von verschiedenen Sorten aus diversen Rebbergen mehr, sondern stammen wie der legendäre Martha's Vineyard von Heitz (Napa Valley) oder der Monte Bello von Ridge (Santa Cruz Mountains) aus Einzellagen.

Die Reblaus

Vor mehr als 100 Jahren verwüstete die Reblaus erstmals alle kalifornischen Rebberge. Seither verwendete man reblausresistente Unterlagen amerikanischen Ursprungs, auf welche dann die europäischen Edelreiser wie Cabernet Sauvignon, Chardonnay usw. gepfropft wurden. Man glaubte, das Problem Reblaus damit im Griff zu haben. Doch in den Jahren nach 1990 zeigte es sich, dass die universell eingesetzte Unterlagsrebe AXR1 doch nicht 100-prozentig reblausresistent war. So mussten im Napa Valley und in Sonoma in den letzten Jahren bis zu 40 Prozent der Rebberge neu bepflanzt werden. Die immensen Kosten könnten sich langfristig auszahlen. Denn die Neuanpflanzungen erfolgten nach neuesten Erkenntnissen in Bezug auf das Design der Rebberge und der Sortenwahl.

Folge der Reblausplage: In Napa und Sonoma prägen Neuanpflanzungen das Bild.

Über das «Winemaking»

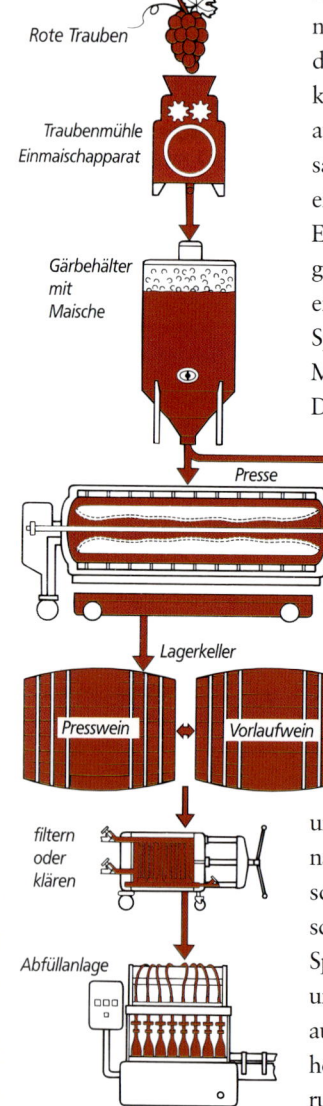

Rote Trauben

Traubenmühle
Einmaischapparat

Gärbehälter
mit
Maische

Presse

Trester

Lagerkeller

Presswein

Vorlaufwein

filtern
oder
klären

Abfüllanlage

In Kalifornien prägen modernes Know-how und neuste Technik das Keltern der Weine. Zudem gibt das Gesetz den Winemakern weit reichende Möglichkeiten. Sowohl die künstliche Beigabe von Säure als auch das Entsäuern sowie das Aufzuckern (Chapitalisation) sind erlaubt. Da zudem lediglich 75 Prozent eines Weins aus der Sorte stammen muss, die auf dem Etikett angegeben ist, verfügen die Winemaker über genügend Möglichkeiten, um Weine entsprechend einem Stil zu formen. Immer mehr kalifornische Spitzenbetriebe betonen jedoch, dass sie von diesen Möglichkeiten keinen Gebrauch machen.

Die temperaturgeregelte Gärung in Edelstahltanks ist an der Westküste seit langem Standard. Für alle bekannten Sorten bestehen exakte Modelle für eine bestmögliche Gärführung.

Weiße Trauben werden normalerweise entrappt, bevor sie gepresst werden. Die meistangebaute Sorte Kaliforniens, der Chardonnay, wird heute in zwei verschiedenen Formen vinifiziert. Chardonnays im unteren und mittleren Preissegment werden im Stahltank vergoren und reifen erst danach, wenn überhaupt, einige Monate in Eichenfässern. Auf diese Weise entstehen eher schlanke Weine mit einer frischen Frucht, die auf einen schnellen Konsum ausgerichtet sind. Prestigeträchtige Spitzen-Chardonnays werden nach klassischer Burgunder-Manier in (oft neuen) Barriques vergoren und ausgebaut. So entstehen mächtige, oft sehr eichenholzwürzige Weine mit einem beträchtlichen Alterungspotenzial.

«The Californian Way» bei Rotwein

Auch die Rotweine vergären normalerweise in Edelstahltanks. Einige wenige Spitzenerzeuger arbeiten allerdings mit offenen Gärbehältern nach französischer Tradition. Auffallend ist, dass bei den Rotweinen in den letzten Jahren ein Trend zu einer längeren Maischung zu beobachten ist. Spitzenweine liegen heute nicht selten bis zu 25 und mehr Tagen auf der Maische. In Mode gekommen ist dabei vor allem die Kaltmaischung vor der Gärung.

Was die kalifornischen Weine aber wohl am meisten prägt, ist der Einsatz von Holz. Der Barrique-Ausbau hat an der Westküste schon beinahe den Stellenwert einer Kunstform. Verschiedene Hölzer, verschiedene Anröstungsgrade, verschiedene Küfer sowie die Frage, wieviel neues Holz ein bestimmter Wein verträgt – an Gesprächsstoff zu diesem Thema fehlt es nie. Klar ist, dass die Anhänger eines europäischen, gerbstoffbetonten Stils auf französische Eiche schwören. Die typischen Neue Welt-Weine mit massiver Frucht, wuchtig-opulentem Körper und den prägnanten, süßlichen Röstaromen (Vanille, Zedernholz) reifen in amerikanischer Eiche, wobei die Weine oft bereits in die Barriques eingefüllt werden, wenn die Gärung noch nicht ganz vollständig abgeschlossen ist.

Die Vanille- und Würzaromen, die neue Eichenfässer dem Wein geben, prägen den kalifornischen Wein. Deshalb sieht man überall imposante Barriquelager.

Die gesetzlichen Bestimmungen

An der Westküste legt man großen Wert auf «künstlerische» Labels. Bestimmungen betreffend des Etiketteninhalts gibt es zwar nur wenige, doch die meisten Weingüter geben auf Rücketiketten genaue Informationen zur Vinifikation.

Im Vergleich zu der umfassenden Klassifizierung von Weinen, wie sie in Europa von Gesetzes wegen vorgeschrieben ist, steht die amerikanische Gesetzgebung über die Weinherstellung noch am Anfang. Immerhin ist seit 1983 – als Pendant zur französischen Appellation d'Origine Contrôlée (AOC) – ein System einer geografischen Herkunftsbezeichnung im Aufbau begriffen. Diese so genannten American Viticultural Areas (AVAs) garantieren, dass die Anbaubedingungen innerhalb der definierten Gebiete einheitlich sind. Allerdings bestehen keinerlei Einschränkungen hinsichtlich der Wahl von Rebsorten oder der Höhe der Erträge. In den letzten Jahren sind in den USA weit über 100 solcher AVAs eingerichtet worden. Wer den Namen einer AVA (beispielsweise Napa Valley, Carneros oder Sonoma Valley) führen will, muss folgende Bedingungen erfüllen:

Gesetzliche Vorschriften

Jahrgang	Steht ein Jahrgang auf dem Etikett, müssen mindestens 95 Prozent des Weins aus dem angegebenen Jahr stammen.
Abfüller	Die Anschrift des Abfüllers muss zwingend auf dem Etikett aufgeführt werden.
Alkoholgehalt	Die Angabe des Alkoholgehaltes muss zwingend auf dem Etikett aufgeführt werden.
Warnung vor gesundheitlichen Risiken	Ist in den USA obligatorisch. Der Hinweis informiert darüber, dass der Genuss von Wein während der Schwangerschaft vermieden werden sollte und die Fähigkeit zum Steuern von Fahrzeugen beeinträchtigen kann.
Rücketikett	Obwohl gesetzlich nicht vorgeschrieben, verwenden viele Produzenten ein so genanntes Rücketikett, das sie für ausführliche Beschreibungen des betreffenden Weins nutzen. Aufgeführt werden unter anderem: Alter der Rebstöcke, der genaue Prozentsatz verschiedener Traubensorten, Dauer der Maischegärung, Dauer des Ausbaus in Barriques, Angaben über Schönung und Filtrierung.

Allgemeine Regelungen:

Varietal (Sortenwein)
Wird auf dem Etikett eine Rebsorte angegeben, so muss der Wein in den Bundesstaaten Kalifornien und Washington zu mindestens 75 Prozent aus der angegebenen Sorte bestehen. In Oregon müssen gar 90 Prozent des Weins aus der auf dem Etikett genannten Sorte bestehen. Einzige Ausnahme ist der Cabernet Sauvignon, dem aus Rücksicht auf die traditionelle Bordeaux-Cuvée 25 Prozent andere Sorten beigegeben werden können.

Generic (Gattungswein)
Bis vor kurzem verwendeten vor allem Großproduzenten für ihre einfachen Tischweine europäisch inspirierte Ortsnamen wie Rhine, Port, Sherry, Burgundy oder Chablis. Die Verwendung solcher Namen unterlag dabei keinerlei Einschränkungen. Ein «kalifornischer Chablis» konnte genauso aus Sauvignon Blanc wie aus Chardonnay gemacht sein. Seit die EU und die europäischen Länder weltweit den Verzicht solcher irreführenden Bezeichnungen verlangen, werden solche Namen kaum noch verwendet. Üblich sind lediglich noch Bezeichnungen wie Rosé, White Table Wein und Red Table Wine.

Proprietary (Markenwein)
Früher waren dies Billigweine, die aus einer Vielzahl verschiedener Trauben-Partien bestanden und unter Fantasienamen verkauft wurden. Heute verwenden auch Spitzenproduzenten solche «Markennamen», und zwar meist dann, wenn sie ihre Cuvées nach eigenen Vorstellungen und nicht nach gesetzlichen Bestimmungen zusammenstellen.

Bestimmungen
für AVA (American
Viticultural Area)-Weine:

– 85 Prozent des Weins müssen aus der angegebenen AVA-Region stammen.
– Handelt es sich um einen sortenreinen Wein, müssen mindestens 75 Prozent der genannten Rebsorte aus der genannten AVA-Region stammen.
– Wird eine konkrete Lage, beispielsweise ein Rebberg auf dem Etikett genannt, müssen 95 Prozent der Trauben aus dieser Lage stammen.
– Die Bezeichnung «Estate Bottled» garantiert, dass sich sowohl die Weinberge als auch die Kellerei im angegebenen AVA-Bereich befinden.

Fast nur gute Jahre

El Niño

Der Weinbau an der ameri-
kanischen Westküste gerät
zunehmend unter den Ein-
fluss des Klimaphänomens El
Niño. Unter El Niño versteht
man eine sehr komplexe
Wechselwirkung zwischen
den Strömungen im Ozean
und der Atmosphäre im
Äquatorbereich des Pazifiks,
exakter ausgedrückt, zwi-
schen den Passatwinden
und dem Humboldtstrom. In
den Weinregionen Kaliforniens glaubt man, dass El
Niño dafür verantwortlich
ist, dass in der Vegetations-
zeit der Reben zunehmend
mit Dürreperioden, tropi-
schen Stürmen und Kälteein-
brüchen zu rechnen ist.

Während in Europa mit seinen massiven Wetter-
schwankungen die Qualität der Weinjahrgänge sehr
unterschiedlich ausfallen kann, herrschen an Amerikas
Westküste stabilere Wetterverhältnisse. Deshalb ver-
zeichnete die Weinbranche in den letzten zehn Jahren
auch kaum wirklich schlechte Jahrgänge. Der letzte
als generell nur mittelmäßig eingestufte Jahrgang war
der 89er. Nun befürchten allerdings manche Winzer,
dass das seit zwei Jahren für Unruhe sorgende Wet-
terphänomen «El Niño» zu größeren Schwankungen
und somit zu größeren Jahrgangsunterschieden führen
könnte.

Die kalifornischen Weine, vor allem auch die Roten,
werden so gekeltert, dass sie von dem Moment an, zu
dem sie in den Verkauf kommen, mit Genuss getrunken werden können. Angesichts dieser frühen Trinkreife äußerten vor allem europäische Fachleute
anfangs Zweifel an der Alterungsfähigkeit der kalifornischen Weine. Heute, da etliche renommierte Wineries schon 20 und mehr Jahrgänge vinifiziert haben,
lässt sich die Frage der Entwicklungsfähigkeit klarer
beantworten. Bei den Rotweinen können selbst die
einfacheren Cabernet Sauvignon durchaus drei, vier
Jahre im Keller liegen. Die besten Cabernet-Weine sind
dagegen ausgesprochen lagerfähig. Die besten Jahrgänge von Produzenten wie Mondavi, Dominus,
Heitz, Caymus oder Ridge entwickeln sich über einen
Zeitraum von 20 Jahren einwandfrei. Das Gleiche
gilt für hochklassige Zinfandels und Syrahs. Die
Chardonnay- und Pinot Noir-Weine haben dagegen –
auch wenn es sich um Spitzen-Cuvées handelt –
nicht das Reifepotenzial wie ihre Pendants im
Burgund.

Die Weinreife-Tabelle für den höchsten Trinkgenuss

Diese Angaben gelten für Spitzenweine; einfache Qualitäten sind schon im Jahr nach der Ernte trinkreif.

Jahr	Cabernet Sauvignon Kalifornien	Chardonnay Kalifornien	Zinfandel Kalifornien	Pinot Noir Oregon	Merlot Washington
1998	→	→	→	→	→
1997	→	→	→	→	→
1996	→	↗	↗	↗	↗
1995	↗	★	↗	↗	★
1994	↗	★	★	★	★
1993	★	★	★	★	★
1992	★	★	★	★	★
1991	★	↘	★	↘	↘
1990	★	↘	★	↘	↘
1989	★	↘	★	↘	↘
1988	★	↘	★	↘	↘

Zur Qualität der Jahrgänge:
- = hervorragend
- = gut
- = mäßig

Legende:
→ noch sehr jung, reifen lassen
↗ am Anfang der Trinkreife, kann noch besser werden
★ auf dem Höhepunkt, trinken
↘ Zenit überschritten, austrinken
○ verpasst, wäre besser schon getrunken

Ältere gute Jahrgänge für Cabernet Sauvignon in Kalifornien: 1987, 1986, 1985, 1984, 1978, 1974, 1970

Ältere gute Jahrgänge für Chardonnay in Kalifornien: 1986, 1985

Die letzten 10 Weinjahre an der Westküste

Weine dieser Jahrgänge sind teilweise noch im Handel erhältlich.

1998 El Niño brachte Regen und Stürme. Dank idealem Herbst eine späte, gute Ernte.

1997 Ein milder Witterungsverlauf brachte eine quantitativ große Ernte.

1996 Frühjahr und Sommer ließen nichts Gutes erwarten. Trotzdem ein Super-Jahrgang.

1995 Viel Regen im Frühjahr und ein heißer Sommer. Ein Spitzenjahr.

1994 Der kühle Sommer ließ die Trauben langsam reifen. Ein sehr gutes Jahr.

1993 Ein kapriziöses Jahr mit großen regionalen Unterschieden. Qualität durchschnittlich.

1992 Trotz günstigem Witterungsverlauf konnten die Weine nie völlig überzeugen.

1991 Ein heißer Oktober und eine späte Ernte. Ein Super-Jahr.

1990 Ein idealer Witterungsverlauf ab Mitte des Jahres brachte einen guten Jahrgang.

1989 Regen bis zur Ernte ließ die Trauben aufschwellen. Durchschnittliche Qualität.

Die Vielfalt der «Westcoast»-Weine

Die amerikanische Westküste bietet alles: vom einfachsten Tropfen bis zum imposantesten Wein. Zwar sind Chardonnay und Cabernet zum Inbegriff des kalifornischen Weins geworden, doch es gibt viel anderes zu entdecken.

Mit einer einfachen Symbolik weist die Vinoteca den Weg zum Wein, den Sie suchen. Stellen Sie sich die vier Fragen von Seite 14. Die einzelnen Symbole mit den Beschreibungen geben die Antworten. Die Sterne für die Qualität werden aufgrund der entscheidenden Faktoren, Traubensorte, Terroir, Klima und Winzer, vergeben (siehe Seite 13).

Die Vinoteca-Symbole zur Weinbeurteilung

Die Qualität

★	für einen guten Alltagswein
★★	für einen feinen Sonntagswein
★★★	für einen prächtigen Festtagswein
★★★★	für einen grandiosen Paradewein
★★★★★	für einen absoluten Weltklasse-Wein

Qualität

Der Weintyp/Geschmack

▼	Rotwein
♀	Rosé
♀	Weißwein

Weintyp/Geschmack

👄	**Ideale Gerichte zu diesem Wein**

Speise-Empfehlung

Lagerfähigkeit

⬩	Trinkwein
➦	Lagerwein (Angaben in Jahren ab Ernte)

Lagerfähigkeit

Die Preiskategorien

❶	unter DM 10,– / € 5,–
❷	DM 10,– bis 20,– / € 5,– bis 10,–
❸	DM 21,– bis 30,– / € 10,– bis 15,–
❹	DM 31,– bis 50,– / € 15,– bis 25,–
❺	über DM 50,– / € 25,–

Preiskategorie

Die Weinzonen der Westküste und ihre bevorzugten Sorten

Oregon (Seite 42)
- ♀ verhaltener Chardonnay, voller Pinot Gris
- ♉ beerig-würziger Pinot Noir
- ◉ zu Meeresfrüchten (weiß), klassischen Gerichten (Pinot)
- ━ lagerfähig von 5 (Pinot Gris) bis 10 Jahren (Pinot Noir)
- ❷ – ❸ moderate Preise, teure Spitzen-Pinot Noirs ❺

Mendocino (Seite 36)
- ♀ frischer Schaumwein, fester Chardonnay
- ♉ elegante Cabernets, volle Zinfandels
- ◉ Aperitif und Fisch (weiß), Fleischgerichte (Zinfandel)
- ━ Spitzenweine können 5 (weiß) bis 10 (rot) Jahre reifen
- ❷ – ❹ günstige Alltags-, teure Spitzenweine

Sonoma County (Seite 34)
- ♀ großartiger Chardonnay
- ♉ guter Pinot Noir, mächtige Zinfandels
- ◉ Weine für die anspruchsvolle Küche
- ━ sehr lagerfähige Weine
- ❷ – ❺ generell eher hohe Preise

Carneros (Seite 32)
- ♀ frischer Chardonnay
- ♉ guter Pinot Noir
- ◉ subtile Weine für die subtile Küche
- ━ gute Lagerfähigkeit, auch Chardonnay
- ❷ – ❹ eher gehobenes Preissegment

San Francisco Bay (Seite 38)
- ♀ eher gehaltvolle Weißweine
- ♉ Cabernet in verschiedener Qualität
- ◉ kräftige Vorspeisen (weiß), Fleischgerichte (rot)
- ⫯ bis auf Ausnahmen (Ridge Vineyards) früh trinkreif
- ❷ – ❸ günstig, mit Ausnahme von Ridge ❸ – ❺

Monterey County (Seite 38)
- ♀ weiche Chardonnays
- ♉ oft vegetabile Cabernets
- ◉ ideal zur einfachen Küche, Pizza
- ⫯ bis auf Ausnahmen früh trinkreif
- ❷ – ❸ viele preisgünstige Weine

San Luis Obispo County (Seite 39)
- ♀ frische Weißweine nahe der Küste
- ♉ mächtige Rotweine, Zinfandel und Rhône-Sorten
- ◉ gut zu Fisch (weiß), Wild und Grillspeisen (rot)
- ━ Rotweine bis zu 20 Jahren lagerbar
- ❷ – ❺ Preisniveau steigt gegenwärtig

Santa B
- ♀ Chard
- ♉ Pinot
- ◉ Aperi
- ━ Syrah
- ❷ – ❺ t

Seattle

Portland
Oregon

Mendocino
Lake County

Sacram
Napa Valle
Sonoma   Carneros
County   San Francisco

San Fran

Mont
S

PACIFIC
OCEAN

Der Weinbau an der Westküste folgt wie ein 1500 km langes Band der Pazifikküste von Seattle nach San Diego.

⚘ Weinzonen

Washington (Seite 44)
♀ würziger Chardonnay, vielschichtiger Sémillon
🍷 kräuter-würziger Cabernet, beeriger Merlot
🍴 elegante Begleiter einer jeden Mahlzeit
➖ lagerfähig von 5 (weiß) bis 8 (rot) Jahren
❷ – ❸ moderate Preise, teure Spitzen-Merlot ❹

Lake County (Seite 37)
♀ üppiger Sauvignon Blanc
🍷 solider Cabernet Sauvignon
🍴 gute Weine für die Alltagsküche
➖ 1 bis 8 (rot) Jahre lagerfähig
❶ – ❸ viele preiswerte Weine

Central Valley (Seite 41)
♀ würziger Chenin Blanc
🍷 süffiger Zinfandel
🍴 passt zu Fisch (weiß), Pizza und Pasta (rot)
❗ zum schnellen Konsum bestimmt
❶ – ❷ preiswert

Napa Valley (Seite 32)
♀ voluminöse Chardonnays
🍷 große Rotweine, vorwiegend aus Bordeaux-Sorten
🍴 ideale Begleiter für die große Küche
➖ bis 25 Jahre (große Rotweine) lagerfähig
❷ – ❺ sehr teure Spitzen-Cuvées

Washington

ral Valley

Bay

County
uis Obispo County
ta Barbara County

● Los Angeles
Temecula ⚘

ra County (Seite 39)
ly in Küstennähe
(Küste), Rhône-Sorten
d Fisch (weiß), würziges Fleisch (rot)
he bis zu 20 Jahren lagerfähig
Cuvées aus Rhône-Sorten

Temecula (Seite 40)
♀ blumiger Sauvignon Blanc
🍷 weicher Cabernet Sauvignon
🍴 passt zur Alltagsküche
❗ eher jung zu trinken
❷ preiswert

Im Herzen des Weinbaus: Napa Valley und Carneros

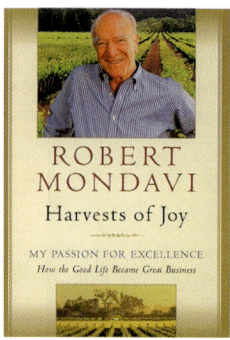

Robert Mondavi ist der Vater des unglaublichen Aufschwungs, der zuerst das Napa Valley und schließlich die ganze Westküste erfasste. Seine spannende Autobiografie «Harvests of Joy» ist in den USA ein Renner.

Als ein Trapper mit Namen George Yount hier 1830 die ersten Reben pflanzte, wusste er bestimmt nicht, was er damit auslösen würde. Heute strahlt der Ruf des Napa Valley als führende Weinbauregion der USA über die ganze Welt. Alteingesessene Produzenten wie Mondavi, Beringer oder Trefethen begründeten diesen Ruhm. Für viele Konsumenten in Europa ist das Napa Valley heute nichts weniger als der Inbegriff der «Neuen Weinwelt». Obwohl landschaftlich auf den ersten Blick nicht besonders attraktiv, wurde keine andere Weinregion der Welt so konsequent touristisch erschlossen und vermarktet. Kaum eine Winery, die nicht verschiedene Degustations- und Besichtigungsprogramme anbietet.

Im Grunde ist es schwer zu verstehen, warum sich bis heute über 200 Weingüter ausgerechnet im Napa Valley niedergelassen haben. Die Bedingungen für den Weinbau sind hier nicht besser als anderswo an der Küste. Nur schwieriger. Die Studien der letzten Jahrzehnte beweisen, aus welchem undurchschaubaren Puzzle von verschiedensten Terroirs dieses Tal besteht. Allein die Geologie im Napa Valley ist äußerst wirr. Vulkanausbrüche, Felsverschiebungen und Meeresablagerung schufen eine Vielzahl von Böden, in denen jeweils Sandstein, vulkanische Basalte, Tuffgestein oder Seekonglomerate dominieren. Die Temperaturunterschiede in dem nur 40 Kilometer langen Tal sind nicht weniger gewaltig. Ist es in Carneros, gleich gegenüber von San Francisco an der San Pablo Bay liegend, windiger und kühler als im Burgund, so findet man nach nur einstündiger Autofahrt in Calistoga ein Mikroklima heißer als in Bordeaux. Nachts dringen kalte Meeresluft und Nebel ins Tal, vor allem in dessen unteren Teil.

Im Napa Valley streiten Cabernet Sauvignon und Chardonnay um die Vorherrschaft. Als Grundregel gilt: Nördlich der Stadt Yountville beginnt die Hochburg des Cabernet Sauvignon. Südlich von Yountville herrscht dagegen der Chardonnay (einzige Ausnahme ist das Stag's Lap District, wo wiederum der Cabernet dominiert). Ganz im Süden, an der kühlen San Pablo Bay, wo sich das eigenständige Herkunftsgebiet (AVA) Carneros befindet, gelingen Pinot Noir und Chardonnay vorzüglich. Sauvignon Blanc und Zinfandel haben überall im Tal ihre Nischen. Neue Sorten wie zum Beispiel Syrah oder Sangiovese haben im Napa Valley eine große Zukunft, müssen aber ihr Terroir erst noch finden.

Napa-Tourismus

Keine Weinregion der Welt ist touristisch so gut erschlossen wie das Napa Valley. Viele Kellereien bieten vielfältige Degustationsprogramme und Besichtigungstouren an. Auskunft erteilt das Napa Valley Visitors' Bureau in der Stadt Napa (siehe Seite 77).

Wein-Typ	★	♟[1]	👄[2]	▬[3]	❶
einfacher Chardonnay	★–★★★	fruchtig-frisch, gute Struktur	Alltagswein, zu einfacheren Gerichten, Fisch, asiatischer Küche	1–3 Jahre	❷–❸
Prestige-Chardonnay Barrique	★★–★★★★	voluminös, üppig, viel Eichenholzwürze	für besondere Gelegenheiten, passt zu Krustentieren, Geflügel	3–8 Jahre	❸–❺
Sauvignon Blanc	★★–★★★	von grasig-frisch bis zu exotisch-würzig	zu Aperitif, Fisch, Hors d'œuvres, asiatischer Küche	1–3 Jahre	❷–❸
Cabernet Sauvignon	★★–★★★	klare, beerige Frucht, elegant	Teigwaren, gebratenes Fleisch, Gemüse	1–7 Jahre	❷–❸
Cabernet Sauvignon (Spitzen-Cuvées)	★★–★★★★★	beerig-likörig, aber auch Kräuternoten, wuchtig	Pfeffer- und T-Bone-Steak, Wild, Lamm, Hartkäse	1–20 Jahre	❸–❺
Merlot	★★–★★★	duftig, mittelschwer	Teigwaren, Gemüse	2–8	❷–❹
Pinot Noir	★★–★★★★	in Carneros beerig, vollmundig, tief	Eintopfgerichte, Schinken, Huhn	3–7 Jahre	❷–❺
Zinfandel	★–★★★★	beerig-likörig, mächtig	Chili con Carne, Lamm Leber	4–20 Jahre	❸–❺

[1] trinkreife Jahrgänge: Seite 27; [2] ideale Speisen zum Wein: Seite 50; [3] **fett** = Lagerfähigkeit von Reserve-Weinen

Im Aufschwung: Sonoma

Das weite, sanft gewellte Sonoma County liegt zwischen dem Napa Valley und der felsig-wilden Küste des Pazifiks. Hier betrieben die franziskanischen Mönche schon Weinbau, lange bevor das Napa Valley seine führende Rolle übernahm. Heute besteht das Gebiet aus zehn verschiedenen Weinbauzonen (AVAs). In Sonoma sind mit der prestigeträchtigen Frei-Ranch sowohl E. & J. Gallo, der größte Weinbaubetrieb der Welt, präsent als auch «kleinere» Spitzenbetriebe wie Kistler Vineyards (bekannt für Chardonnay) oder Williams & Selyem (bekannt für Pinot Noir) zu Hause.

Im Gegensatz zum Napa Valley findet man in Sonoma noch archaische Natur.

Im Gegensatz zum dicht bevölkerten Napa Valley erscheint das weite Land hier archaischer und mehr von der Farmermentalität geprägt. Zwar sind auch hier in den letzten Jahren protzige Hightechkellereien aus dem Boden gestampft worden, öfter findet man aber jene kleinen und mittleren Betriebe, die ihren Wein in luftigen, scheunenähnlichen Holzbauten vinifizieren. Die Qualitätsfaktoren sind mit denjenigen des Napa Valley zu vergleichen. Die Bodenbeschaffenheit wird von Vulkantätigkeit und der früheren Existenz eines Meeres geprägt. Beim Klima spielen Meeresnebel und Hügellandschaft zusammen. Das bedeutet nasse, kühle Winter und heiße Sommer. Das Russian River Valley ist dabei für ausgezeichneten Chardonnay, Gewürztraminer, Riesling, Sparkling Wine und Pinot Noir bekannt, während es dem Zinfandel im Dry Creek Valley sowie dem Alexander und Sonoma Valley am besten behagt. Der Cabernet Sauvignon ist in ganz Sonoma zu Hause.

In den Rebgärten der North Coast dienen im Frühjahr Benzin- und Ölöfen als Abwehrmittel gegen Frost.

Wein-Typ	★	🍷¹	🍽²	▬³	❶
Sparkling Wine	★–★★★★	frisch, subtil, trocken	zu Aperitif und zu allen Speisen	2–**10**	❸–❺
Chardonnay	★★–★★★★★	sauber, frisch, viel Struktur, Burgund-ähnlich	zu Muscheln, Fisch, asiatischer Küche	2–**10**	❷–❺
Gewürztraminer	★★–★★★	aromatisch, üppig, weich	zu Gänseleber, Schwertfisch, Leber	2–5	❸–❹
Sauvignon Blanc	★★–★★★	von grasig-frisch bis exotisch-üppig	aisatische Küche, Fisch	2–5	❷–❹
Cabernet Sauvignon	★★–★★★★	beerig, kräuter-würzig, vollmundig	Lamm, Wild, Steak, Kebab	4–**20**	❷–❺
Pinot Noir	★★–★★★★	beerig-tief, gut strukturiert	Huhn, Kaninchen, Rind	3–**10**	❸–❺
Zinfandel	★★–★★★★	wilde Brombeeren, mächtig	Leber, Wild, Lamm, Curry-Fleisch	5–**20**	❸–❺

¹ trinkreife Jahrgänge: Seite 27; ² ideale Speisen zum Wein: Seite 50; ³ **fett** = Lagerfähigkeit von Reserve-Weinen

Malerisch: Mendocino

Bio-Pionier

Fetzer Vineyards, mit einer Produktion von über 25 Millionen Flaschen, ist auch Pionier im Bio-Weinbau. Ein Teil der Rebberge wird nach Richtlinien der CCOF (California Certified Organic Farmers) bearbeitet. Die Bio-Weine von Fetzer kommen unter dem Label «Bonterra» auf den Markt.

Im Hinterland des malerischen Fischerstädtchens Mendocino, rund zweieinhalb Autostunden nördlich von San Francisco, werden ausgezeichnete Weißweine, elegante Cabernets und wuchtige Zinfandels produziert. Besonders reizvoll ist das wild-romantische, lange Zeit abgeschiedene Anderson Valley. Das Tal in kühler Küstennähe ist vor allem mit seinen weißen Sorten, wie Chardonnay und Gewürztraminer, sowie Sparkling Wine bekannt geworden. Nicht umsonst entschloss sich das legendäre Champagnerhaus Roederer in Reims, hier im Anderson Valley eine Kellerei zu bauen. In den mehr im Landesinneren gelegen Gebieten Ukiah-Hopland, McDowell und Potter Valley mit ihren relativ kurzen, aber äußerst heißen Sommermonaten reifen die roten Sorten (Cabernet, Petite Sirah und Zinfandel) ausgezeichnet. Trotz interessanter Qualitätsfaktoren boomt der Weinbau in Mendocino heute noch nicht so wie in Napa und Sonoma. Und doch ist hier in den letzten Jahren mit Fetzer Vineyards ein Gigant entstanden, der zu den bedeutendsten Kellereien Kaliforniens gehört.

Wein-Typ	★	🍷[1]	🍽[2]	🍴[3]	❶
Schaumwein	★★ – ★★★★	aromatisch, frisch, gute Struktur	zu Aperitif, Fisch	5 – **10**	❸ – ❹
Chardonnay	★★ – ★★★	aromatisch, fester Körper	zu Fisch und Vorspeisen	2 – **10**	❷ – ❹
Gewürztraminer	★★ – ★★★	würzig und voll	zu Aperitif, Gänseleber, asiatischer Küche, Käse	2 – 10	❸ – ❹
Cabernet Sauvignon	★★ – ★★★★	geschmeidig, elegant	Teigwaren, Grillgerichte, Eintopf	2 – **10**	❷ – ❹
Pinot Noir	★★ – ★★★	elegant, mittelgewichtig	Schinken, Kaninchen, Pasteten	2 – 6	❷ – ❸
Zinfandel	★★ – ★★★★	voll und eichenholzwürzig	Wild, Leber, Chili con Carne	4 – **15**	❸ – ❹

[1] trinkreife Jahrgänge: Seite 27;   [2] ideale Speisen zum Wein: Seite 50;   [3] **fett** = Lagerfähigkeit von Reserve-Weinen

Im Hinterland: Lake County

Im mehr im Landesinneren gelegenen Lake County findet man vor allem riesige Birnen-Plantagen. Was den Weinbau anbelangt, so offenbart besonders der Sauvignon Blanc in diesem eher heißen Klima fern der Küste ein erstaunliches Qualitätspotenzial. Der typische Lake-Sauvignon ist mächtig und überrascht mit exotischen Aromen von Melone oder Ananas. Bei den roten Sorten ergibt vor allem der Cabernet Sauvignon ausgewogene, sortentypische Weine, die nach wie vor zu sehr reellen Preisen verkauft werden. Die Rebgärten liegen rund um den idyllischen Clear Lake mit dem Städtchen Lakeport als touristischem Zentrum. Ein idealer Ort für Wassersportler. Die erste berühmte Winzerin war die britische Schauspielerin Lillie Langtry, genannt Jersey Lily, die 1877 die Guenoc Ranch kaufte. In den letzten Jahren wurde zunehmend mit Rhône-Sorten experimentiert. Der Weinbau im Lake County ist noch im Aufbau begriffen. Noch 1990 gab es hier lediglich drei Kellereien. Der mit Abstand bedeutendste Hersteller ist Kendall-Jackson Vineyards. In der Nähe von Lake Country gibt es zwei weitere Anbaugebiete (AVAs) mit jeweils nur einem Produzenten. Im Guenoc Valley wird vor allem Zinfandel und Petit Sirah angebaut. Im Benmore Valley setzt man auf Chardonnay und Syrah.

Im beschaulichen Lake County spielt der Weinbau noch eine Nebenrolle. An erster Stelle steht das einfache Farmerleben, das viele Städter hier an den Wochenenden pflegen.

Wein-Typ	★	🍷[1]	🍽[2]	🍾[3]	◑
Sauvignon Blanc	★ – ★★★	von kräutrig-frisch bis exotisch-vollmundig	Fisch, Gemüse, Vorspeisen	2 – 5	❶ – ❸
Cabernet Sauvignon	★★ – ★★★	elegant und geschmeidig, mittelgewichtig	Grillgerichte, Geflügel	3 – **10**	❷ – ❹
Zinfandel	★★ – ★★★★	mächtig und tanninbetont	Rind, Steak, Braten	4 – **12**	❷ – ❹

[1] trinkreife Jahrgänge: Seite 27;   [2] ideale Speisen zum Wein: Seite 50;   [3] **fett** = Lagerfähigkeit von Reserve-Weinen

Hippieland: zwischen
San Francisco und Monterey

Im Hinterland der idyllischen
Küste von Monterey liegen
ausgedehnte Rebberge.

Die Weinberge entlang der Central Coast gehen auf die Missionare zurück, die sich zwischen 1769 und 1835 von San Diego nach San Francisco vorkämpften. Das Livermore Valley ist ein von Schnellstraßen durchzogenes, dicht besiedeltes Land im Einzug der San Francisco Bay. Sauvignon Blanc und Sémillon haben hier durchaus Potenzial, der Cabernet mag nur ausnahmsweise zu überzeugen. Ganz anders in den wilden Santa Cruz Mountains, seit jeher ein Zufluchtsort der Exzentriker. In den weit verstreuten Rebbergen dieses Höhenzuges in Pazifik-Nähe wächst mit dem Montebello von Ridge einer der berühmtesten Cabernets Kaliforniens. Randy Graham (Bonny Doon Vineyard) experimentiert mit Viognier und Marsanne. Im riesigen Salinas Valley bei Monterey dominieren bis auf wenige Ausnahmen (noch) billige Massenweine. Die winzigen Bereiche Carmel Valley und Chalone zeigen mehr Charakter.

Wein-Typ	★	🍷[1]	🍾[2]	🍴[3]	❶
Chardonnay	★–★★	fruchtig und schlank, Monterey-Chardonnay mit mehr Eichenholzwürze	Alltagswein, zu Fisch, Vorspeisen	2–5	❷–❸
Sémillon und Sauvignon Blanc (Livermore)	★–★★★	kräuter-würzig und voll, eigenständig	zu Fisch, Vorspeisen	2–6	❷–❸
Viognier und Marsanne (Santa Cruz)	★★–★★★	exotisch, üppig, vollmundig	Zu Aperitif, Gänseleber, Vorspeisen	2–4	❸–❹
Cabernet Sauvignon	★–★★	grünlich, mittelgewichtig eigenständig	Gemüse, Pizza, Pasteten	2–8	❷–❸
Cabernet Sauvignon (Santa Cruz Mountains)	★★–★★★★	likörig-beerig, auch Kräuter-Aromatik, konzentriert	Steak, Braten, Wild	5–20	❸–❺

[1] trinkreife Jahrgänge: Seite 27; [2] ideale Speisen zum Wein: Seite 50; [3] **fett** = Lagerfähigkeit von Reserve-Weinen

Die «Rhône-Ranger»: zwischen Monterey und Los Angeles

Das Gebiet zwischen Paso Robles und dem mondänen, an seinen spanischen Ursprung erinnernden Santa Barbara ist im Wandel. Bisher wurden im kühlen Küstengebiet guter Schaumwein, Chardonnay und Pinot Noir produziert, im heißen Hinterland Cabernet Sauvignon, Merlot und Zinfandel. Seit vor einigen Jahren entdeckt wurde, dass die Rhône-Sorten hier optimal reifen, erleben nun aber die weißen Sorten Viognier, Marsanne und Roussanne sowie die roten Sorten Syrah, Grenache und Mourvèdre einen unglaublichen Boom. Nicht wenige glauben, dass dieser südliche Abschnitt der Central Coast mit den Rhône-Sorten weltweit Furore machen wird. Trifft diese Prognose zu, dürften die Gebiete Santa Barbara und San Luis Obispo bald eine ähnliche Bedeutung haben wie Napa und Sonoma.

Das Etikett zeigt es: Rhône-Sorten wie Roussanne erleben gegenwärtig an der Central Coast einen unglaublichen Boom.

Wein-Typ	★	🍷 [1]	🍽 [2]	🍷 [3]	❶
Schaumwein (San Luis Obispo)	★★ – ★★★★	herbe Frucht, Röstaromen, kremig	zu Aperitif, Fisch, asiatischen Speisen	3 – **10**	❸ – ❹
Chardonnay	★★ – ★★★	reife Frucht, kräftiges Eichenholz	zu Fisch und Meeresfrüchten	3 – 6	❶ – ❸
Weiße Rhône-Sorten	★★ – ★★★★	exotische, volle Frucht, gute Struktur, saftige Säure	Vorspeisen, Fisch	3 – 8	❸ – ❺
Cabernet Sauvignon	★★ – ★★★★	grünlich-pfeffrig, kräuterwürzig, mittelgewichtig, gute Struktur	Gemüse, Grillgerichte	3 – **15**	❷ – ❹
Pinot Noir (Santa Barbara)	★★ – ★★★	süßliche Aromen roter Beeren, auch feine Kräuterwürze, volle Struktur	klassische Fleischgerichte, Geflügel	3 – 8	❸ – ❹
Zinfandel (San Luis Obispo)	★★ – ★★★	Aromen von Pflaumen und Pfeffer, mächtig	Wild, Steak, gebratene Leber	4 – **12**	❸ – ❹
rote Rhône-Sorten (Syrah)	★★ – ★★★★	konzentrierte, likörige Frucht, konzentriert, mit viel Eichenholzwürze	zu Fisch und Lamm, Wild, Rind	5 – **20**	❸ – ❺

[1] trinkreife Jahrgänge: Seite 27;   [2] ideale Speisen zum Wein: Seite 50;   [3] **fett** = Lagerfähigkeit von Reserve-Weinen

Am Ursprung:
zwischen Los Angeles und San Diego

«Goldgräber»-Weine

Kaliforniens Geschichte wurde geprägt durch die Goldfunde von 1849 in den Ausläufern der Sierra Nevada. Schon früh wurde im Gold-County zwischen der Stadt Sacramento und dem Lake Tahoe auch Wein angebaut. Noch heute findet man im AVA-Bereich Sierra Foothills nahe der Ortschaft Placerville eine ganze Reihe kleinerer Produzenten, die interessante Weine (etwa Zinfandel von alten Rebstöcken) herstellen.

Die Wurzeln des kalifornischen Weinbaus liegen in Los Angeles. Hier kelterten die Franziskaner-Missionare ihren ersten Messwein. Heute hat das schnell wachsende Los Angeles den Rebbau verdrängt. Die experimentierfreudigen «Rhône-Rangers» kommen der Metropole am nächsten. Rund eine Autostunde nördlich beginnen ihre Syrah-Rebberge. Auch südlich von Los Angeles wird Weinbau betrieben. Das wichtigste Anbaugebiet heißt Temecula und liegt auf halbem Weg zwischen Los Angeles und San Diego. Alte Urkunden belegen, dass hier schon um 1840 ein französischer Einwanderer namens Jean Louis Vignes Rebberge anlegte. Charakteristisch für das Klima hier sind die geringen Unterschiede zwischen Tageshöchst- und nächtlichen Tiefsttemperaturen. Angebaut werden vor allem Chardonnay und Sauvignon Blanc, auch der verschmähte Chenin Blanc hat ein gutes Potenzial. Bei den roten Sorten gewinnen neben dem Cabernet Sauvignon vor allem Nebbiolo, Sangiovese und Mourvèdre rasch an Bedeutung.

Wein-Typ	★	🍷[1]	👄[2]	▬[3]	❶
Chardonnay	★ – ★★	verhaltene Frucht, weich und mild	zu Fisch, Vorspeisen	2 – 4	❷
Sauvignon Blanc	★★	blumig, kräuterig, manchmal exotische Frucht, saftige Säure	zu Fisch, Gemüse, Vorspeisen	2 – 5	❷
Cabernet Sauvignon	★ – ★★	verhaltene, beerige Aromatik, sanft und mittelgewichtig	zu Pizza, Grillgerichten, Gemüse	2 – 8	❷ – ❸

[1] trinkreife Jahrgänge: Seite 27;   [2] ideale Speisen zum Wein: Seite 50;   [3] **fett** = Lagerfähigkeit von Reserve-Weinen

Im Landesinneren:
Die «Big Players» im Central Valley

Durch das Küstengebirge von den Einflüssen des Meeres abgeschirmt, erstreckt sich zwischen Sacramento und Bakersfield ein 750 Kilometer langes Tal. Heiß sind die Sommer hier, feucht-kalt die kurzen Winter. Tausende von Firmen produzieren Reis, Rosinen, Oliven, Dosentomaten, Knoblauch, Walnüsse, Zitronen – oder eben Wein. Immense 76 000 Hektar sind mit Weinreben bepflanzt. John Steinbeck hat dieses Tal in seinem Roman «Die Früchte des Zorns» beschrieben. Hier produzieren die großen Weinhäuser, allen voran der Riese Gallo (weltweit der größte Weinproduzent), ihre einfachen, aber stets sauber vinfizierten Markenweine, die in den USA sehr populär sind. Auch sherry- und madeiraähnliche Weine werden im Central Valley in großen Quantitäten hergestellt. Anspruchsvollere Weine stammen aus den durch den Flusslauf des Sacramento Rivers gekühlten AVA-Bereichen Lodi und Clarksburg. Trauben von hier findet man unter anderem im populären Cabernet Sauvignon des Woodbridge-Labels von Mondavi.

In den riesigen Kellereien des Central Valley lagern Riesenmengen von preisgünstigen Markenweinen.

Wein-Typ	★	🍷¹	🍽²	🍷³	❶
Chenin Blanc	★★	exotische Frucht, würzig, frische Säure	zu Fisch und einfachen Gerichten	1 – 2	❶ – ❷
Chardonnay	★ – ★★	einfach, sauber, klar strukturiert	zu Fisch und leichten Vorspeisen	1 – 4	❶ – ❷
Zinfandel	★ – ★★★	pflaumig, würzig, etwas süßlich, süffig	zu Pizza und Teigwaren	1 – **10**	❶ – ❸
Cabernet Sauvignon	★ – ★★★	fruchtig, mittelschwer, süffig	zu Pizza, Pasta und Grillgerichten	1 – 8	❶ – ❸
Portähnliche Dessertweine	★★	aromatisch, vollmundig, süß	passt zu Desserts und Käse	3 – 10	❷ – ❸

¹ trinkreife Jahrgänge: Seite 27; ² ideale Speisen zum Wein: Seite 50; ³ **fett** = Lagerfähigkeit von Reserve-Weinen

Willamette Valley: Spitze mit Pinot

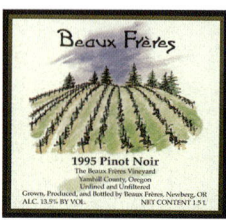

Das größte Qualitätspotenzial in Oregon haben die Burgundersorten, allen voran der Pinot Noir.

Das parallel zum Pazifik verlaufende Willamette Valley, eine halbe Autostunde südlich von Oregons Hauptstadt Portland, ist das Zentrum der aufblühenden Weinszene. Die Winzer in diesem von der Farmer-Mentalität geprägten Land sind allsamt Individualisten. Kühle Sommer und milde Winter sind hier die Regel. Die inzwischen 30-jährige Vergangenheit des Pinot Noirs in Oregon – im Vergleich zur Historie des Pinots an der Côte d'Or nicht mehr als ein Wimpernschlag – ist die Geschichte einer rasanten Qualitätsverbesserung. Die ersten Pinot-Rebberge wurden in den Red Hills of Dundee auf «Jory»-Untergrund angelegt. Aus der roten vulkanischen Erde wuchsen Pinot Noir-Weine mit Aromen roter Beeren und eher tiefer Säure. In den später angelegten Rebbergen in den Eola Hills nahe der Stadt Salem entwickelte der Pinot plötzlich vermehrt jene edlen Aromen von dunklen, schweren Früchten wie Pflaumen oder Cassis. Heute konzentrieren sich die Pinot-Neupflanzungen auf das Gebiet am Chehalem Creek. Auf dem sandigen «Willakenzie»-Terroir entwickelt der Pinot eine äußerst viel-

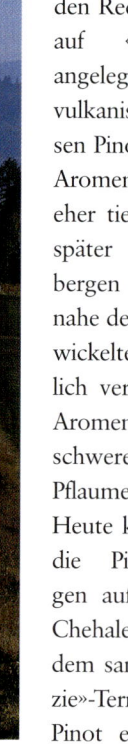

schichtige Aromatik, die von schwarzen Beeren über Gewürz- bis zu Tabak- und Erdaromen reicht. Die Oregon-Pinots haben in den meisten Fällen einen höheren pH- und einen tieferen Säurewert als ihre Vorbilder im Burgund. Mit anderen Worten: Sie versprechen schon in früher Jugend optimalen Trinkgenuss, haben aber nur selten ein Alterungspotenzial von mehr als zehn Jahren. Neben Pinot Noir hat Oregon in den letzten Jahren auch erstaunliche Rieslinge hervorgebracht. Sie sind mächtiger als jene aus dem deutschen Rheingau, aber doch nicht so alkoholbefrachtet wie die kalifornischen Rieslinge. Noch größere Erwartungen wecken der sehr charaktervolle Pinot Gris sowie der Gewürztraminer, der im Willamette Valley muskatbetonte, saftige Weine ergibt, während er in den Höhenlagen des Rouge Valley mächtigere Weine mit exotischen Aromen hervorbringt. Der Chardonnay dagegen vermochte bisher nicht immer zu überzeugen.

Aussteiger machten den Einstieg

Die Pioniere, die in den Sechzigerjahren mit dem Weinbau in Oregon begannen, waren «Winemaker», die zuvor in Kalifornien gearbeitet hatten, aber mit dem dortigen Wein-Boom und dem damit verbundenen Zwang zu oft beinahe «industriellen» Produktionsmethoden wenig anfangen konnten. In Oregon suchten sie ein Winzer-Dasein nach europäischem Vorbild. Inzwischen wächst auch in Oregon die Zahl der klassischen Weinbetriebe, die viel in Rebberge und Kelleranlagen investieren. Trotzdem hat sich Oregon den Ruf, ein Mekka für Wein-Querdenker zu sein, bewahrt.

Wein-Typ	★	☺[1]	🍷[2]	[3]	❶
Schaumwein	★★	verhaltene Frucht, säurebetont	zu Aperitif oder zu Fisch	2–4	❷–❸
Chardonnay	★★–★★★	verhaltene Frucht, mild, oft mit toastiger Eichenholzwürze	zu Fischgerichten, Gemüse	2–**8**	❷–❹
Gewürztraminer	★★–★★★	Muskatwürze, exotische Frucht, recht mächtig	zu Vorspeisen, asiatischen Gerichten	2–10	❷–❹
Pinot Gris	★★★	blumige Aromatik, im Gaumen vollmundig und komplex	zu Meeresfrüchten, Pazifiklachs	2–**8**	❸–❹
Pinot Noir	★★–★★★★	dunkle Beeren gepaart mit Eichenholzwürze, mächtig	Geflügel, Feldhase, Lamm	4–**10**	❸–❺

[1] trinkreife Jahrgänge: Seite 27; [2] ideale Speisen zum Wein: Seite 50; [3] **fett** = Lagerfähigkeit von Reserve-Weinen

Im Norden: des Merlot neue Heimat

Fern der Küste

Im Gegensatz zu Kalifornien und Oregon befinden sich Washingtons Weinregionen ausschließlich im Landesinneren, rund 200 Kilometer südöstlich der Metropole Seattle. Die wichtigsten Anbaugebiete sind die drei AVA-Bereiche Columbia Valley, Yakima Valley und Walla Walla. Momentan sind «erst» 6 000 Hektar bepflanzt, doch die Wachstumsmöglichkeiten sind sprichwörtlich unbeschränkt. Allein im AVA-Bereich Columbia Valley könnten bis zu 4 Millionen Hektar Reben angepflanzt werden.

In das nördlichste Anbaugebiet im pazifischen Nordwesten, nahe der kanadischen Grenze, setzen Fachleute große Hoffnungen. Dies hat dazu geführt, dass Washington in den letzten Jahren zum zweitwichtigsten «Weinstaat» hinter Kalifornien gerückt ist. Ein Grund dafür ist die moderate Preisgestaltung bei doch ansprechender Qualität. Noch vor 30 Jahren gab es hier nur zwei Weinbaubetriebe. Heute sind es rund 100. Zum ersten Mal in die Schlagzeilen kam Washington im Jahr 1972, als ein Riesling von Chateau Ste Michelle bei einer Prämierung der Los Angeles Times alle Mitbewerber schlug. Noch heute ergibt der Riesling in Washington Weine, die wohl zu den charaktervollsten außerhalb Deutschlands gehören. Ähnliche Qualitäten kann hier der Sémillon entfalten, mit seiner ungeheuer vielschichtigen Aromatik und der vollen Struktur. Doch das Haupt-Augenmerk liegt

heute auf einer roten Sorte, von der man sich kaum erklären kann, warum sie sich ausgerechnet im Staat Washington von ihrer besten Seite zeigt. Die Rede ist vom Merlot. Mit Aromen frischer Beeren, gepaart mit moderater Eichenholzwürze und einer guten Struktur, findet er weltweit zunehmend Gefallen.

Während die Menschen in Washington zum überwiegenden Teil in Küstennähe, viele im Einzugsgebiet der aufstrebenden Metropole Seattle leben, findet der Weinbau in einem abgelegenen Gebiet östlich der Cascade Mountains statt, das – im Gegensatz etwa zum nahen Oregon – weder landschaftlich besonders attraktiv noch touristisch besonders gut erschlossen ist. In diesem wüstenähnlichen, kargen Land verlaufen die Jahreszeiten nach mitteleuropäischem Schema. Während im Sommer das Thermometer bis auf 40 Grad Celsius steigen kann, fällt es im Winter tiefer als 20 Grad unter Null.

Wie die letzten Jahre gezeigt haben, hat der Merlot im Staat Washington ein enormes Qualitätspotenzial.

Wein-Typ	★	🍷 1	🍽 2	▬ 3	❶
Chardonnay	★★	sortentypisch, mit Eichenholzwürze, mittelgewichtig	Fisch, Vorspeisen, kalte Fleischgerichte	2 – **5**	❷ – ❸
Riesling	★★ – ★★★	blumig, charaktervoll, feste Struktur	Fisch und Meerestiere, Paella	2 – 10	❷ – ❹
Sauvignon Blanc	★★ – ★★★	grasig mit einer Nuance Cassis, sauber, frisch, säurebetont	Fisch und Schalentiere, asiatische Küche	2 – 5	❷ – ❸
Sémillon	★★★	vielschichte Aromatik von Kräutern, Melonen, Feigen, gut strukturiert mit saftiger Säure	Meeresfrüchte, asiatische Küche	2 – 8	❷ – ❸
Cabernet Sauvignon	★★	kräuterig, würzig, solide, aber etwas rustikal	Gemüse, Grillgerichte	3 – **8**	❷ – ❸
Merlot	★★ – ★★★★	verführerisch beerig, reif und voll, elegant	Lamm, Wildgeflügel, Rind, Hartkäse	4 – **10**	❷ – ❺

1 trinkreife Jahrgänge: Seite 27;   2 ideale Speisen zum Wein: Seite 50;   3 **fett** = Lagerfähigkeit von Reserve-Weinen

Die kulinarischen Hochzeiten

Zwei Glücksfälle prägen die Küche der amerikanischen Westküste. Da ist zum einen der ungeheure Reichtum an Grundprodukten, die in «Sunny California» sowie den Farmer-Staaten Washington und Oregon stets verfügbar sind, inklusive der Meeresfrüchte des Pazifiks. Und da sind Einwanderer aus allen Kontinenten, die ihre Küchenkunst mitbrachten. Zusammen entsteht so der legendäre «California Mix».

Als der Weinbau an der Westküste begann, gehörte Kalifornien noch zu Mexiko. In der Küche ist dieser Einfluss präsenter denn je: Mexikanische Chilies, Gerichte aus gekochten Bohnen und Mais, gefüllte Tortillas, das prägt die Menükarten noch heute. Die Kreativität der Westküste beruht auf ethnischer Vielfalt. Die Italiener brachten ihre Polenta mit, die Spanier ihre Tapas, die Marokaner den Kuskus, die Chinesen ihr Dim-Sum, die Japaner die Sushis.

Kulinarische Happenings

Die Zutaten zu dieser Schmelztiegel-Küche liefern Meer und Land. Das endlose Central Valley ist der Gemüse- und Obstgarten Amerikas. Der Pazifik trägt das Seine dazu bei: Frische Muscheln und Krabben von den Küstenfelsen, Schwertfisch und Goldmakrelen aus den Tiefen des Pazifiks, kräftiger Lachs aus Oregon und Washington – all dies liefert die Voraussetzung für ein kulinarisches Happening der besonderen Art. Es gibt in Los Angeles wohl keine Esskultur dieser Erde, die nicht mit mindestens zwei, drei Restaurants vertreten ist. Und der Wein: Nun, er steht dieser Vielfalt in nichts nach.

Trend zu Spezialitäten

Glaubt man der Weinliteratur, so steht im Bereich der kalifornischen North Coast eine rote Sorte über allem: der Cabernet Sauvignon. Noch vor zehn Jahren war dies sicher so. Inzwischen haben aber auch andere europäische Edelsorten ihr Qualitätspotenzial bewiesen. Aufmerksamkeit verdienen etwa Spezialitäten aus Sorten wie Petite Sirah, Cabernet Franc, Barbera oder Sangiovese. Diese neue Weinvielfalt befruchtet auch die «Mariage» mit der Küche.

Die Vermählung von Essen und Trinken

Essen und Trinken werden an der West Coast auf höchst kreative Weise kombiniert. Darum nehmen es die Amerikaner auch mit den Regeln nicht so genau. Man kombiniert, wozu man Lust hat, und nicht, was irgendwelche schlauen Kochpäpste in ihren Büchern vorexerzieren.

Gemüse und frische Kräuter liefert das Central Valley. Viele Köche der Westküste verbinden ihre vegetarische Küche mit Weinen aus der Region.

Schaumweine, frische Weißweine
Ein frischer Sparkling Wine mit Schmelz oder ein grasig-frischer Sauvignon Blanc munden vorzüglich zu Fisch und Meeresfrüchten. Grundsätzlich passen solche säurebetonten Weine, wobei die Säure in Kalifornien meist saftig ist, auch sehr gut zur asiatischen Küche, von Curry-Gerichten bis zu Dim-Sum.

Körperreiche Weißweine
Vor allem die kalifornischen Chardonnays sind oft mächtige, sehr eichenholzwürzige Gewächse. Zu solch kräftigen, opulenten Weinen passt ein Pazifiklachs ebenso wie ein aromatischer Hummer oder Pasta mit Fischsauce. Carpaccios mit Tunfisch oder aber Rindfleisch eignen sich. Auch mit Safran-Gerichten (z.B. Risotto), Quiches aller Art sowie jenen Camenbert-ähnlichen Weichkäsen, wie sie überall an der Westküste Amerikas hergestellt werden, harmonieren solche reichhaltigen Weissweine vorzüglich.

Während zu Pazifiklachs aus Washington oder Schwertfisch die kräftigen, eichenholzwürzigen Chardonnays am besten passen, verlangen Austern, Venusmuscheln oder Krabben nach delikateren Weinen wie Rhine Riesling oder schlanken Sauvignon Blanc.

Einfache, fruchtige Rotweine
Selbst ein einfacher «California Red» hat jene warme, sinnliche Frucht, die mit einfachen Speisen bestens harmoniert. Sei's nun ein Cabernet, Merlot oder Zinfandel dieser Kategorie. Sie passen allesamt wunder-

bar zu Pasta, Pizzen oder Tortillas. Ja, selbst ein gegrilltes Schwertfisch-Stück mundet zu einem fruchtigen Roten vorzüglich. Nicht zu vergessen die Hamburger, die durchaus nicht immer ein Fastfood-Gericht zu sein brauchen, sondern in manchen trendigen Restaurants höchst kreativ zubereitet werden.

Gehaltvolle Rotweine

Die vollmundigen eleganten Cabernet Sauvignons, Merlots oder Pinot Noirs entfalten sich mit klassischen Fleischgerichten am besten. Wildgeflügel, etwa gebratene Wachteln, Taubenbrust oder Grill-Entenbrust, gereicht mit typisch amerikanischen Maispfannküchlein, passen hervorragend. Vielleicht noch besser: ein saftiges, butterzartes Stück Bisonfleisch mit etwas Pfeffersauce. Auch ein T-Bone-Steak ist eine gute Wahl, ebenso die Bratkartoffeln und das Bohnenpüreee, die quer durch die USA mit Vorliebe als Beilage die Teller bereichern.

Ob Filet vom Bison, T-Bone-Steak vom Ochsen, Spareribs vom Schwein oder Wild: Die kräftigen Cabernet Sauvignon-, Syrah- und Zinfandel-Weine rufen nach erstklassigem Fleisch. Im Farmerland hinter der Küste gibt es genug davon.

Mächtige Rotweine

In Kalifornien wachsen monstruöse Schwergewichte, etwa die Cabernet Sauvignon Reserves aus dem Napa Valley, die Syrah-Essenzen von der Central Coast bei Santa Barbara oder die Zinfandels im Sonoma County. Da muss etwas Handfestes her. Wild in allen Variationen bietet sich an. Oder natürlich jene Spareribs, wie sie in den gewaltigen, Lokomotiven-ähnlichen, gusseisernen Barbecue-Öfen zubereitet werden. Auch zu einer frischen, nur kurz angebratenen Gänseleber kann so ein süßlich-beeriges Elexier vorzüglich munden. Auch uramerikanische Kombinationen wären denkbar: Warum nicht mal einen Zinfandel zu einem Blauschimmelkäse-Auflauf nach Wisconsin-Art oder einer Pizza mit Entenfleisch probieren?

In den Pazifikstaaten werden auch ausgezeichnete Käse hergestellt. Würzige Hartkäse harmonieren gut mit markanten Rotweinen, etwa einem Pinot Noir aus Oregon oder einem vollmundigen Merlot aus Washington.

Welcher Wein zu welcher Speise?

	Weintypen	Weine
	Schaumwein, frische Weißweine	Chardonnay ohne Barrique, Sémillon (Washington), Sauvignons Blanc (Sonoma), Chenin Blanc, Sparkling Wine (z.B. Sonoma)
	volle Weißweine	Chardonnay im Holz vergoren (Napa und Sonoma), Viognier, Fumé Blanc (Central Coast)
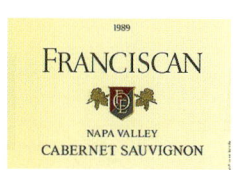	einfache Rotweine	Merlot, Cabernet Sauvignons, Zinfandel
	volle Rotweine	Cabernet Sauvignons (Napa und Sonoma), Zinfandel, Merlot (Washington), Pinot Noir (Oregon), Syrah (Central Coast)
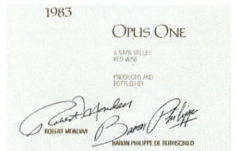	Spitzen-Rotweine	Lagenweine, Reserves und Special Selections von Cabernet Sauvignon, Syrah, Zinfandel der besten West Coast-Produzenten

Zur Wahl der Jahrgänge: siehe Trinkreife-Tabelle Seite 27.

«West Coast»-Küche	Küche generell	
Pazifikaustern, Krabben, Venusmuscheln, Tacos mit Krabbenfleisch und weiße Bohnen, Avocado-Suppe, Fish and Chips, Caesar Salade, Cajun-Gerichte	Fischgerichte, leichte Vorspeisen, Curry-Gerichte, asiatische Küche	
Clam Chowder (Muschelfleisch mit Kartoffel- und Speckwürfeln), Hummer, Pazifiklachs	Carpaccios, Safran-Gerichte, Fisch gebraten oder mit Saucen, Quiches, Camembertähnliche Käse, Gemüseterrine, Gänseleberpastete	
Black Bean Soup, Hamburger-Gerichte, Schwertfisch, Tortillas, Enchilladas mit Rinderhack-Füllung	Pasta, Pizzen, gebratenes Gemüse, einfache Gerichte, Crostini, Gulasch	
Oven-fried Chicken, Bisonfleisch, T-Bone-Steak, Taubenbrust	Pilzgerichte, klassisch zubereitetes Fleisch, Kaninchen	
Spareribes vom Grill, junge Braterente mit wildem Reis gefüllt, Rehschnitzel im Wildschweinschinken, Blauschimmelkäse-Auflauf nach Wisconsin-Art	Wildgerichte frische, kurz angebratene Gänseleber, Grillgerichte	

*Erklärungen zu kalifornischen Gerichten auf Seiten 48/49.

Die schönsten Güter, die besten Weine

An der Westküste der USA gibt es mehrere hundert selbst kelternde Weingüter, die tausende von Weinen vermarkten. Allein im deutschsprachigen Raum dürften hunderte von Weinen aus Kalifornien, Washington und Oregon angeboten werden. Alle in diesem Guide aufgelisteten Güter erachten wir als zuverlässig und ihre Weine als empfehlenswert.

Die Sterne führen zu den guten Gütern. Meist wird eine Bandbreite der offerierten Qualitäten angegeben. ★–★★★ bedeutet beispielsweise, dass dieses Gut vom ehrlichen Alltagswein bis zum feinen Festwein alles erzeugt. Die Preiskategorien der einzelnen Weine sind mit den bereits bekannten Münzsymbolen ❶ – ❺ vermerkt. Was das an Geld bedeutet, sehen Sie auf Seite 29. Alle Weine samt Seitenhinweis finden sich auch im Register auf Seite 78.

Der Weinratgeber, der ständig aktuell bleibt
Natürlich ändert sich das Angebot ständig, die Qualität der Weine von Jahrgang zu Jahrgang. Um stets aktuell zu bleiben, bedient sich die Vinoteca des Internets. Dort steht eine Website zur Verfügung, die vom internationalen Weinmagazin Vinum unterhalten wird. Sie finden dort Resultate und Kommentare der neusten Verkostungen: www.vinoteca.falken.de.

Gutschein für aktuelle Weinlisten
Wenn Ihnen das Netz der Netze noch ein Buch mit sieben Siegeln ist, so profitieren Sie vom Gutschein, der diesem Band beiliegt. Damit können Sie direkt bei Vinum kostenlos das aktuellste Verzeichnis mit den Benotungen der kalifornischen Weine anfordern.

NAPA VALLEY

Atlas Peak Vineyard ★★★
3700 Soda Canyon Road, Napa
Noch kleines, aber im Wachstum begriffenes Haus in den Hügeln des südöstlichen Napa Valleys gelegen, bei dessen Gründung unter anderem die Familie Antinori aus der Toskana sowie das Champagnerhaus Bollinger beteiligt waren. Als Hommage an die italienischen Wurzeln werden ein ausgezeichneter Sangiovese ❸ und ein Sangiovese Reserve ❹ produziert.

Beaulieu Vineyard ★★★
1960 St Helena Highway, Rutherford
Traditionsbetrieb, bekannt für opulente, vollmundige Weine im typisch kalifornischen Stil. Zu den Paradegewächsen gehören Chardonnay aus Carneros ❸ sowie der Cabernet Sauvignon «Georges de Latour Private Reserve» ❺.

Beringer ★★★
2000 Main Street, St Helena

Das bereits 1876 gegründete Gut setzt in Bezug auf Qualität auch heute noch Maßstäbe. Die Paradeweine kommen allsamt aus den eigenen Rebgärten, die über 600 Hektar umfassen. Der Stil ist ausgesprochen kalifornisch, konzentrierte üppige Frucht gepaart mit einer spürbaren Dosis Eichenholzwürze. Schöner Gewürztraminer ❸, auch Chardonnay ❸ und Sauvignon Blanc ❸. Bei den Rotweinen ist der Cabernet Sauvignon Private Reserve ❺ das Paradepferd. Aber auch der Cabernet Sauvignon Knights Valley ❹ überzeugt.

Caymus Vineyard ★★★★★
8700 Conn Creek Road, Rutherford

Was Cabernet Sauvignon und Zinfandel anbelangt, gehört Caymus zweifellos zu den führenden Gütern im Napa Valley. Chuck Wagner führt das Haus in dritter Generation. Der stets tadellose Napa Valley Cabernet Sauvignon ❹ stammt aus zugekauften Trauben. Eine Legende ist der überaus konzentrierte, barriquebetonte Cabernet Sauvignon Special Selection ❺, dessen Trauben stets aus eigenen Rebbergen kommen und der nur in Spitzenjahren produziert wird. In aller Stille hat das Gut auch seinen Zinfandel ❸ zu einem eigentlichen Blockbuster weiterentwickelt.

Domaine Chandon ★★★
1 California Drive, Yountville
Das bereits 1973 von Moët & Chandon gegründete Haus war die erste Kellerei Kaliforniens, die Sparkling Wine nach klassischer Methode (Flaschenvergärung) herstellte. Seither hat das Haus, das über 300 Hektar Reben in Carneros und Napa besitzt und jährlich rund 6 Millionen Flaschen produziert, seine führende Stellung behalten. Der Napa Valley Brut ❸ und der Carneros Blanc de Noirs ❸ sind stets solide, die Cuvée Etoile ❹ ausgezeichnet.

Chateau Montelena ★★★
1429 Tubbs Lane, Calistoga
Das bereits 1882 gegründete Gut ist berühmt geworden, weil der 73er Chardonnay im Jahr 1976 bei einer weltweit beachteten Prämierung alle Spitzen-Burgunder hinter sich ließ. Das Erfolgsrezept dieses Chardonnays ❺, ausgeprägte Frucht bei eher schlankem, geradlinigem Körper, hat man bis heute beibehalten. Für den Wein, der inzwischen etwas von seinem Image eingebüßt hat, werden Trauben aus den kühlen Regionen von Napa und Sonoma zugekauft.

Aufmerksamkeit verlangt der robuste Cabernet Sauvignon ❺.

Château Woltner ★★★
150 White Cottage Roads, Angwin

Die Familie Woltner besaß einst das legendäre Château Haut-Brion in Bordeaux. An den steilen Abhängen des Napa Valley setzte man ganz auf Chardonnay, die hier in einem «burgundisch» leichten Stil ohne aufdringliches Holzparfum gekeltert werden. Angeboten werden verschiedene Lagen-Crus ❺. Aber auch der Estate Chardonnay ❺ mag zu überzeugen.

Clos du Val ★★★
5330 Silverado Trail, Napa

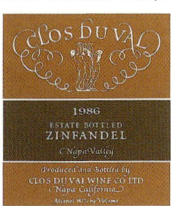

Das bekannte Gut, gegründet von Bernard Portet aus Bordeaux, ist für seinen eleganten, fruchtig-würzigen Stil bekannt. Interessant ist stets der Estate Sémillon ❸ sowie der kräftige Estate Merlot ❹. Die renommiertesten Weine des Gutes sind aber wohl der Cabernet Sauvignon aus dem Stag's Leap District ❹ sowie der Cabernet Sauvignon Napa Valley Reserve ❺.

Clos Pegase ★★★
1060 Dunaveal Lane, Calistoga

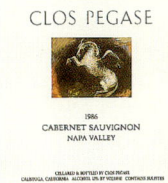

Eine der zahlreichen Kellereien im Tal, die hoch stehende Architektur, ausgewählte Kunst und guten Wein verbinden. Trotz zahlreicher Wechsel im Team konnte der hohe Qualitätsstandard beibehalten

werden. Für den aromatischen Chardonnay ❹ werden Trauben aus dem kühlen Carneros verwendet. Auch der Cabernet Sauvignon ❹ ist stets tadellos.

Crichton Hall ★★★
PO Box 187, Rutherford

Richard Crichton war ein britischer Bankier, der mit dem erklärten Ziel ins Napa Valley kam, hier Chardonnays im Stile großer Burgunder anzubauen. Deshalb setzt er beim Ausbau auf französisches Holz. Seine Rebberge befinden sich in tiefen Hanglagen an der Westseite des Napa Valley südlich von Yountville. Nebst seinem Paradepferd, dem Chardonnay ❹, produziert er auch Merlot ❹, Pinot Noir ❹ und Cabernet Sauvignon ❹.

Cuvaison ★★★
4550 Silverado Trail, Calistoga

Nach der Übernahme durch die Schweizer Industriellenfamilie Schmidheiny entwickelte sich das Gut zu einem führenden Betrieb im Napa Valley. Während der normale Estate Chardonnay ❸ durch seine Ausgewogenheit überzeugt, erscheint der Reserve ❺ wesentlich üppiger. Elegant zeigen sich auch Pinot Noir ❹, Merlot ❹ und Cabernet Sauvignon ❹. Nur wenige Güter verstehen es, französische Tradition und Neue Welt-Charakteristik so perfekt zu vereinen.

Dalle Valle Vineyard ★★★

7776 Silverado Trail, Napa

Dieses kleine Gut (ca. 50 000 Flaschen) gehört seit Jahren zu den besten Rotweinproduzenten auf Cabernet-Basis ❹.

Dominus ★★★★★

Highway 128, Yountville

Christian Moueix, dessen Familie in Bordeaux das legendäre Château Pétrus betreibt, kam 1982 ins Napa Valley und gründete Dominus. Die ersten sieben Jahrgänge (ab 1983) dieses Cabernet Sauvignon-Blends (mit Merlot und Cabernet Franc) ❺ verunsicherten mit ihrem überaus tanninbetonten, harten Stil die Weinliebhaber. Ab Beginn der Neunzigerjahre wechselte der Stil auf wundersame Weise. Ohne gefällig zu wirken, zeigen die Weine nun mehr Frucht und Schmelz.

Dunn Vineyards ★★★★

805 White Cottage Road, Angwin

Im hintersten Winkel des Napa Valleys feilt der eigenwillige Randall Dunn an seinem mächtigen Cabernet Sauvignon ❺, der nur in Kleinmengen auf den Markt kommt.

Far Niente ★★★

1 Acacia Drive, Oakville

Sowohl der Chardonnay ❺ als auch der Cabernet Sauvignon ❺ sind Monumente der Neuen Welt. Sie vereinen süßlich konzentrierte Frucht und vollmundige Opulenz.

Flora Springs Wine Company ★★★

1978 West Zinfandel Lane, St Helena

Die Besitzerfamilie verkaufte lange Jahr die Trauben aus den Rebbergen, bis man schließlich die besten Lagen selektionierte und unter dem Label Flora Springs selber vermarktete. Besonders interessant ist der Soliloquy ❹, ein gut strukturierter Sauvignon Blanc, sowie der Trilogy ❹, ein klassischer Bordeaux-Blend.

Franciscan Vineyards ★★–★★★

1178 Galleron Road, St Helena

Der erste Besitzer investierte viel in prestigeträchtige, aber nicht funktionale Architektur. Die Weine galten in Bezug auf ihre Qualität lange Zeit als unkonstant. In den letzten zehn Jahren hat eine neue Eignerschaft den Wechsel zum Besseren geschafft. Heute steht Franciscan für einwandfreie Weine zu mäßigen Preisen – und das bedeutet schon etwas im Napa Valley. Empfehlenswert die Estate-Weine Chardonnay ❸, Zinfandel ❸ und Cabernet Sauvignon ❸.

Freemark Abbey Winery ★★★

3022 St Helena Highway, St Helena

Als Charles F. Carpy und seine Schwester Mathilde 1961 dieses Gut übernahmen, bestand es aus Weideland und betrieb Obstbau und Holzhandel. Allmählich wurden die aufgegebenen Rebberge wieder bepflanzt. In den letzten Jahren hat sich das Gut mit soliden Weinen zu nicht überteuerten Preisen einen Namen geschaffen. Der Chardonnay ❸ ist fruchtig mit diskreter Holznote. Merlot ❹ und Cabernet Sauvignon ❹ zeigen sich beerig und ausgewogen. Der mächtige, vielschichtige Cabernet Bosché ❺ hat viel Reifepotenzial.

Frog's Leap Winery ★★–★★★
3358 Highway 29, St Helena
Das äußerst ästhetische Etikett, mit einem stilisierten, springenden Frosch als Blickfang, wurde preisgekrönt. Die Weine des Hauses sind solide. Angenehmer Sauvignon Blanc ❸, mittelgewichtiger Cabernet Sauvignon ❸ und guter Zinfandel ❹ gehören zum Sortiment.

Grgich Hills Cellar ★★★
1829 St Helena Highway, Rutherford

Weinmacher und Mitbesitzer Miljenko Grgich – es gibt kein Foto von ihm, auf dem er nicht seine Baskenmütze aufhat – setzt ganz auf Weine, die in der Flasche einige Jahre reifen müssen. Das ist eher unüblich im Napa Valley. Die Paradeweine des Hauses sind Cabernet Sauvignon ❺ und Zinfandel ❹.

Heitz Wine Cellars ★★★★
500 Taplin Road, St Helena

Obwohl man die ersten Erfolge mit Chardonnay feierte, setzen Joseph Heitz und seine Familie seit Jahrzehnten die Maßstäbe mit ihrem Cabernet Sauvignon. Der Martha's Vineyard ❺ gehört zweifelsfrei zu den berühmtesten Weinen Amerikas, obwohl er oft mehr kräuterige Gewürzaromen und robusten Gerbstoff als üppige Frucht und Eleganz hat. Der Trailside ❺ und der Bella Oaks ❺ sind in ihrer Jugend ähnlich unzugänglich. Eleganter wirkt der ganz normale Estate Cabernet ❹. Mit

seiner ungewöhnlichen Frucht weiß auch der ansprechende Gignolino ❸ zu gefallen.

Hess Collection Winery ★★★
4411 Redwood Road, Napa

Allein die Kunstsammlung rechtfertigt die Fahrt zu diesem abgelegenen Prestigebau. Die Weine der Hess Collection sind hochklassig und gut ausbalanciert. Dies gilt für den Chardonnay ❹ ebenso wie für den Cabernet Sauvignon ❹. Unter dem schlecht zu unterscheidenden Label Hess Select produziert man auch einfachere Weine ❷–❸ aus zugekauften Trauben.

La Jota Vineyard ★★★
1102 Las Posadas Road, Angwin

In seinem kleinen Betrieb keltert Bill Smith, der früher im Ölbusiness sein Geld verdiente, bemerkenswerte reinsortige Petite Sirah ❹ und Cabernet Franc ❹. Sehr guter Cabernet Sauvignon aus den Howell Mountains ❹–❺. Er erzeugt auch guten, weißen Viognier ❹.

Louis M. Martini ★★–★★★
254 South St Helena Highway, St Helena
Dieser von einem italienischen Einwanderer gegründete Familienbetrieb mit an die 400 Hektar eigenen Reben produziert unbeirrt von den Kapriolen des Zeitgeistes harmonische, mittelgewichtige Weine zu äußerst moderaten Preisen. Diese Philosophie hat sie erst in Vergessenheit gebracht und trägt heute zu ihrer Wiederentdeckung bei. Guter Cabernet Sauvignon ❷–❸ und Merlot ❷–❸ aus der North

Coast, duftiger Gewürztraminer ❸ aus dem Russian River Valley. Überzeugender Cabernet Sauvignon aus der Spitzenlage Monte Rosso ❹ und Merlot ❹ aus dem Russian River Valley.

Merryvale Vineyards ★★★
1000 Main Street, St Helena

Mit zugekauften und eigenen Trauben vinifiziert Merryvale, unter Führung seines Schweizer Mehrheitsbesitzers Jack Schlatter, eine höchst beachtenswerte Palette von Weinen. Diese reicht vom gut gemachten Chardonnay Starmont ❷–❸ über die «normalen» Cabernet Sauvignon ❹ und Merlot ❹ bis zu den Prestigeweinen Chardonnay Silhouette ❺ und Cabernet Sauvignon Profile ❺.

Robert Mondavi Winery ★★★–★★★★
7801 St Helena Highway, Oakville

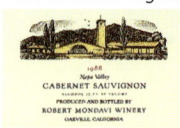

Robert Mondavi, der in den Sechzigerjahren mit wenig Startkapital begann, initiierte mit seiner kompromisslosen Qualitäts-Philosophie den Weinboom im Napa Valley. Darum ist der Name seiner Familie heute weltweit jedem Weinfreund ein Begriff. Die Söhne Tim und Michael jetten rund um die Welt, um mit verschiedenen Jointventure-Partnern in verschiedenen Ländern neue Spitzenweine zu lancieren. Trotz dieser umfangreichen Aktivitäten haben die Mondavis ihre «Kerngeschäft» nicht vergessen. Die normalen Estate Varietals wie Fumé Blanc ❸, Chardonnay ❸, Pinot Noir ❸, Cabernet Sauvignon ❹ und Merlot ❹ sind stets von solider Qualität, die Reserves wie Chardonnay ❹, Pinot Noir ❹ und Cabernet Sauvignon ❺ sind superb.

Newton Vineyard ★★★
2555 Madrona Avenue, St Helena

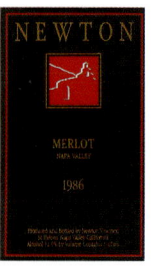

Das Gut hat mit seinem «Unfiltered» Chardonnay ❹ Furore gemacht. Mindestens ebenso interessant sind Merlot ❺ und Cabernet Sauvignon ❺, dem die Beigabe von ein paar wenigen Prozent Petit Verdot einen besonderen Touch verleiht. Die Standard-Linie Red Label ❸ ist preisgünstig.

Niebaum-Coppola Estate ★★★
1991 Highway 29, Rutherford

Seit 1995 ist der Filmregisseur Francis Ford Coppola Alleinbesitzer des legendären Ingelnook-Besitzes. Der Gründer des Besitzes, ein Finne namens Gustave Niebaum, war Marinekapitän und handelte mit Pelzen, bevor er sich 1881 im Napa Valle niederließ. Die Domäne ist dabei, an ihre große Vergangenheit anzuknüpfen. Der Spitzenwein ist dabei der Rubicon ❺, eine Cuvée aus Cabernet Sauvignon, Cabernet Franc und Merlot.

Opus One ★★★★
7900 St Helena Highway, Oakville

Schon die Architektur, bei der die Trauben von der Anlieferung bis zur abschließenden Reifung in den Barriques nur durch natürliches Gefälle und nicht durch Pumpen transportiert werden, überzeugt. Opus One wurde gemeinsam von Robert Mondavi und dem 1988 verstorbenen Baron Philippe Rothschild gegründet. Der vollmundige, elegante Cabernet

Sauvignon ❺, der hier anderthalb Jahren in französischen Barriques reift, gehört regelmäßig zu den allerbesten der Neuen Welt.

Pahlmeyer ★★★★★
PO Box 2410, Napa
Jason Pahlmeyer, von Beruf Rechtsanwalt, produziert mit die konzentriertesten, bombastischesten Weine im Tal, die zumeist aus Einzellagen bei Rutherford kommen. Ausgezeichnet der Chardonnay ❺, der Merlot ❺ und der Cabernet Sauvignon ❺.

Robert Pepi Winery ★★★
7585 Highway 29, Oakville
Das Gut war vom ehemaligen Pelzhändler Robert Pepi gegründet worden, der sich allerdings 1994 aus dem Weingeschäft zurückzog. Bekannt geworden ist die Winery vor allem mit ihren Sauvignon Blanc ❸. Gut sind aber auch der Cabernet Sauvignon Vine Hill Ranch ❹ sowie der Sangiovese Colline dei Sassi ❹.

Joseph Phelps Vineyards ★★★
200 Taplin Road, St Helena

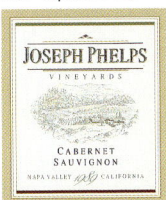

Der Bauunternehmer Joseph Phelps legte den Grundstein zu seiner Winery im Jahr 1973. Seither fügte er der Domäne Rebberg um Rebberg zu. Zu erstem Ruhm kam die Winery mit ihren trocken bis edelsüß ausgebauten Rieslingen. Heute ist der Cabernet Sauvignon Insignia ❺ das Paradepferd, auch wenn Phelps sich immer mehr mit den Rhône-Sorten befasst. Ein gut gelungener Syrah ❹ sowie eine Rhône-Cuvée namens Mistral ❹ zeigen, dass diese Sorten auch in Napa einiges Potenzial haben.

Pine Ridge Winery ★★★
5902 Silverado Trail, Napa
Das ambitionierte Gut hat rund 100 Hektar Rebberge in verschiedenen ausgezeichneten La-

gen und konzentriert sich vor allem auf Chardonnay ❸ sowie Cabernet Sauvignon ❸–❺, vom dem jährlich verschiedene Cuvées auf den Markt gebracht werden.

Rutherford Hill Winery ★★–★★★
200 Rutherford Hill Road, Rutherford

Das Gut ist vor allem mit seinem Merlot bekannt geworden. Das Gut produziert aber auch einen bemerkenswerten trockenen Gewürztraminer ❸. Zu den Paradeweine des Hauses gehört etwa der Chardonnay Jaeger Vineyard ❹ sowie der Cabernet Sauvignon XVS.

Shafer Vineyards ★★★
6154 Silverado Trail, Napa

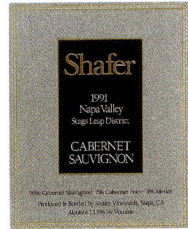

Die Shafers kamen aus Chicago ins Napa Valley, um Wein zu machen. Dies tun sie inzwischen schon in der zweiten Generation auf beeindruckende Weise. Sowohl der Chardonnay aus Carneros ❹, der einzige Weißwein des Hauses, vor allem aber die Rotweine, darunter Merlot ❹ sowie Cabernet Sauvignon Napa ❹ und Cabernet Sauvignon Hillside Select ❺, beide aus dem Stag's Leap District, sind Jahr für Jahr Spitzenweine.

Silverado Vineyards ★★★
6121 Silverado Trail, Napa

Dieses Gut wurde 1981 von der Witwe des berühmten Hollywood-Zeichners Walt Disney zusammen mit ihrer Tochter und ihrem Schwiegersohn gegründet. In den letzten Jahren hat man in ausgesuchten Einzellagen des Napa Valleys stets neue Rebgärten angepflanzt. Die Weine des Gutes gelten als ungemein harmonisch und ausgewogen. Die Standard-Linie mit Sauvignon Blanc ❹, Chardonnay ❹, Merlot ❹ und Cabernet Sauvignon ❹ aus verschiedenen Parzellen des Napa Valley sind ihr Geld wert, ebenso die teureren Reserve-Weine ❺.

Spottswoode Winery ★★★★
1902 Madrona Avenue, St Helena

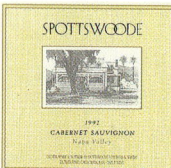

In diesem idyllischen Weingut, dessen Weinberge sich gewissermassen in den Aussenbezirken von St Helena befinden, haben ausschließlich Frauen das Sagen. Dies ist dem Gut nicht schlecht bekommen. Im Gegenteil. Dem Cabernet Sauvigon ❹ fehlt es doch Opulenz und Würze, nicht an Struktur.

Stag's Leap Wine Cellars ★★★
5766 Silverado Trail, Napa

Um wieder der Natur näher zu kommen, gründete der ehemaligen Uni-Professor (Politologie) Warren Winiarski dieses Gut mit heute über 30 Hektar Reben. Kritiker behaupten zuweilen, die Weine des Hauses seien in ihrer intellektuellen Art eindeutig von ihren Schöpfer geprägt. Ausdrucksstark sind sie allemal. Vor allem die besten Cabernet-Selektionen wie der Cask 23 ❺ oder der Fay ❺.

Sterling Vineyards ★★–★★★
1111 Dunaweal Lane, Calistoga

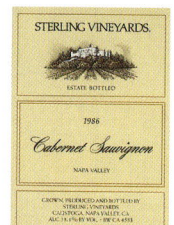

Das 1969 gegründete Gut, hoch über dem Tal gelegen, ist mit seiner modernen, griechisch anmutenden Architektur sowie der Seilbahn berühmt geworden, welche die Besucher zur Winery transportiert. Mit eigenem Rebbergsbesitz von über 450 Hektar und einer Jahresproduktion von mindestens 3 Millionen Flaschen einer der Großen im Napa Valley. Das Angebot reicht von sauber vinifizierten Standardweinen ❷–❸ bis zu Einzellagen-Abfüllungen ❸–❹, beispielsweise Cabernet Sauvignon und Chardonnay Diamond Mountain.

Storybook Mountain ★★★
3835 Highway 128, Calistoga

In den steilen Rebbergen am nördlichen Ende des Napa Valleys hat dieses Gut den Prototyp eines reifen, ausdrucksstarken, eichenholzwürzigen Zinfandel geschaffen ❺.

Sutter Home Winery ★★
277 St Helena Highway, St Helena
Eine der größten Kellereien in Kalifornien. Klar, dass von den Standardweinen ❷–❸ immense Quantitäten produziert werden. Doch die beiden Söhne des Firmengründers, Roger und Bob Trinchero, haben die Zeichen der Zeit erkannt: Sie wollen charaktervolle Weine produzieren, die sofortigen Trinkgenuss versprechen. Sehr sortentypisch: der Zinfandel Amador ❸.

Philip Togni Vineyard ★★★
3780 Spring Mountain Rd., St Helena
Der ambitionierte Önologe Philip Togni, früher für verschiedene Wineries tätig, bearbeitet nun

mit Hilfe von Frau und Tochter seinen eigenen Rebberg am Spring Mountain und ringt diesem üppigen Sauvignon Blanc ❸ und einen voll konzentrierten, ja monumentalen Cabernet Sauvignon ❺ ab.

Trefethen Vineyards ★★★
1160 Oak Knoll Avenue, Napa

Dieses Gut, das einen sehr soliden Ruf genießt, besitzt so viele Rebberge, dass nur die besten Trauben für das eigene Label gebraucht werden. Den Rest verkauft man an andere Betriebe. Der Napa Valley Eshcol White ❸ und der frische, trockene White Riesling ❸ sind preiswert, auch der «normale» Cabernet Sauvignon ❸ ist sein Geld stets wert. Die Reserve-Weine ❹ sowie die ambitionierte Library Selection ❺ kosten dann schon etwas mehr.

Turley Cellars ★★★★★
3358 St Helena Highway, St Helena
Larry Turley war früher Arzt. Jetzt gilt sein ganzes Engagement dem Zinfandel. Er suchte sich die ältesten Zinfandel-Parzellen im ganzen Napa Valley und keltert aus diesen Vielles Vignes zusammen mit Weinmaker Ehren Jordan unglaublich dichte und konzentrierte Essenzen. Jährlich bringen sich bis zu zehn separat vinifizierte Crus ❺ dieser Sorte auf den Markt. Wer eine Flasche ergattern kann, darf sich glücklich schätzen.

Viader Vineyards ★★★★★
1120 Deer Park Road, Howell Mountain
Auf einem ungemein steilen und trockenen Stück Land hat die ehrgeizige Argentinierin Delia Viader, die an der Universität von Davis Weinbau studierte, ihren Cabernet Sauvignon-Rebberg angelegt. Der Anbau erfolgt nach Richtlinien der CCOF (California Certified Organic

Farmers) und ergibt einen ungemein charaktervollen, eigenständigen Cabernet Sauvignon ❺.

Vichon Winery ★★–★★★
1595 Oakville Grade, Oakville
Seit die Mondavis das Gut übernommen haben, ging es mit der Qualität stetig aufwärts. Selbst die Standard-Linie mit Chardonnay California ❷, Merlot California ❷ oder Cabernet Sauvignon California ❷ ist ansprechend. Die Prestige-Weine wie etwa der Cabernet Sauvignon Stag's Leap District ❹ sind überzeugend. Das Gut konzentriert sich auch zunehmend auf Weine im Rhône-Stil.

CARNEROS

Acacia ★★★
2750 Las Amigas Road, Napa

Bekannt für ihre raffinierte Palette von Chardonnay ❹ sowie erstaunlich ausdrucksstarkem Pinot Noir Carneros ❹ und Pinot Noir St. Clair Vineyard ❹.

Buena Vista ★★–★★★
27000 Ramal Road, Sonoma

Das alteingesessene Gut, 1859 gegründet, hat eine wechselvolle Geschichte hinter sich. Heute steht das Gut für beständig gute Qualität. Das Sortiment gliedert sich in normale Carneros-Weine sowie die Privat Reserve- und die Grand Reserve-Linie. Empfehlenswert ist sowohl der eichenholzwürigen Carneros Chardonnay ❸ als auch der komplexere Chardonnay Private Reserve ❹ oder Pinot Noir Grand Reserve ❹.

Saintsbury ★★★

1500 Los Carneros Avenue, Napa

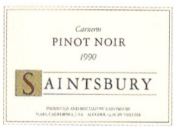 David Graves und Richard Ward haben bewiesen, dass man auch heute noch an der North Coast ein Weingut aufbauen kann, ohne ein paar Millionen Dollar in der Tasche zu haben. Schon die Standard-Linie mit Chardonnay ❸ und Pinot Noir ❸ überzeugt, die Reserve-Weine ❹ sind noch weitaus komplexer.

Schug Carneros Estate ★★★

602 Bonneau Road, Sonoma

 Der Erfolg kam für den deutschstämmigen Walter Schug, als er sich auf das Anbaugebiet Carneros konzentrierte. Seither überzeugt er mit Chardonnay ❸ und Pinot Noir ❸ mit äußerst gutem Verhältnis zwischen Preis und Qualität. Der Sauvignon Blanc ❸ und der Cabernet Sauvignon ❹ stammen aus Sonoma.

SONOMA COUNTY

Arrowood Vineyards ★★★

14347 Sonoma Highway, Glen Ellen

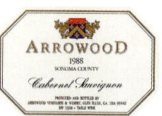 Richard Arrowood war lange Jahre Kellermeister bei Chateau St Jean. Heute produziert er soliden Chardonnay ❹ und Cabernet Sauvignon ❹. Gut gelungen scheinen zunemend auch Weine aus klassischen Rhône-Sorten wie Viognier oder Syrah.

Clos du Bois ★★–★★★

PO Box 940, Geyserville
Stolzes Gut mit über 200 Hektar eigenen Reben. Breite Palette an Weinen, so etwa gut strukturiertem Chardonnay ❹ und Cabernet

Sauvignon ❹ aus dem Alexander Valley sowie im Fass vergorenem Sauvignon Blanc ❸ aus Sonoma County.

De Loach Vineyards ★★

1791 Olivet Lane, Santa Rosa

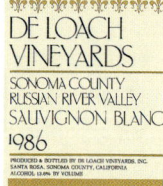 Produziert eine Palette von ungemein populären Weinen, beispielsweise Sauvignon Blanc ❸, Chardonnay ❸, Gewürztraminer ❸, Pinot Noir ❸ und Zinfandel ❸, denen alle eine gefällige, klar verständliche Frucht eigen ist.

Dry Creek Vineyards ★★★

3770 Lambert Bridge, Healdsburg

 Das rasche Wachstum dieser Winery ist nicht auf Kosten der Qualität gegangen. Ja, die Weine der letzten Jahre scheinen noch opulenter und voller geworden zu sein. Interessant sind unter anderem der aromatische Chenin Blanc ❸ sowie die üppigen Fumé (Sauvignon Blanc)-Spezialtiäten ❸ aus Sonoma County und dem Dry Creek Valley.

Ferrari-Carano ★★★

8761 Dry Creek Road, Healdsburg

 In über zehn Rebbergen verteilt, besitzt man heute über 200 Hektar Rebberge. Der Stil des Hauses setzt auf den Einsatz von viel neuem Holz. Dies gilt vor allem für Fumé Blanc ❸–❹ und Chardonnay ❸–❹. Beim Merlot ❹ und dem Cabernet Sauvignon ❹ kommt zum beerigen Touch eine gewisse Kräuter-Aromatik hinzu. Sehr interessant ist auch der blumig-frisch wirkende Sangiovese ❸.

E. & J. Gallo ★★★
3387 Dry Creek Road, Healdsburg
Der größte Weinproduzent der Welt ließ sich bis
vor kurzem kaum in seine Karten blicken und
produzierte vor allem Massenweine im Central
Valley. Jetzt, da die junge Gallo-Generation das
Sagen hat, investiert man viel Geld, um in
Sonoma ambitiöse Spitzenweine zu produzieren. Schmuckstück des Unternemens ist die
Frei-Ranch am Dry Creek. Hier werden aus ausgezeichneten Lagen Chardonnays ❹–❺,
Zinfandels ❹–❺ und Cabernet Sauvignons
❹–❺ gekeltert.

Geyser Peak ★★–★★★
PO Box 25, Geyserville

Die heruntergekomme
Kellerei erlebte in den
letzten Jahren einen
rasanten Wiederaufschwung. Der Standard-Cabernet Sauvignon ❸ ist äußerst
solide. Der Reserve
Alexander ❹ ist noch viel mächtiger.

Gundlach-Bundschu Winery ★★★
PO Box 1, Vineburg

Die 1858 gegründete
und 1973 wieder auferstandene «Rhinefarm»
liegt im unteren Sonoma
Valley. Auf gutseigenen
60 Hektar wachsen nebst
Cabernet Sauvignon-,
Pinot Noir- und Merlot-
Stöcken auch Gewürztraminer ❸, der einen
üppigen Wein ergibt. Bekannter sind der Merlot
❸ sowie der Cabernet Sauvignon ❹ von gutseigenen Trauben.

Jordan Sparkling Wine Company ★★–★★★
PO Box 878, Healdsburg
Mit der auffallenden Flasche mit dem großen
Initial «J» darauf ist das Schaumwein-Gut

schnell bekannt geworden. Aber auch der Gehalt dieses nach klassischer Methode produzierten Sparkling Wines ❹ darf sich sehen lassen.

Kenwood Vineyards ★★★
9592 Sonoma Highway, Kenwood

Produziert eine breite
Palette an Weinen.
Bekannt geworden
ist das Gut mit den Zinfandel- und Cabernet
Sauvignon-Weinen ❹
aus dem Jack London-
Vineyard, den es exklusiv bewirtschaftet.
Das Angebot reicht von
gut gemachten, günstigen Sonoma-Standard-
Weinen wie Sauvignon Blanc ❷, Chardonnay
❸, Merlot ❷ Zinfandel ❷ und bis zu Prestige-
Gewächsen wie den Cabernet Sauvignon Art
Series ❺.

Kistler Vineyards ★★★★
4707 Vine Hill Road, Sebastopol

Nach turbulenten,
schwierigen Anfängen
hat dieses Gut in den
letzten Jahren eine
Reihe von Chardonnays
erzeugt, die zu den besten Amerikas gehören
und trotz ihren präsenten Röstaromen stets das
Terroir ausdrücken. Zu den Highlights im
Sortiment gehören: Chardonnay Vine Hill ❺
aus dem Russian River Valley sowie der Estate-
Chardonnay ❺ aus dem Sonoma Valley.

Kunde Estate Winery ★★★
10155 Sonoma Highway, Kenwood
Die Familie Kunde lebt schon seit mehreren
Generationen im Sonoma Valley und baute Wein
an. Der Grundstein zum heutigen Unternehmen
wurde mit dem Bau der modernen Kellerei
anfangs der Neunzigerjahre gelegt. Mit den an
die 300 Hektar Reben in erstklassigen Lagen,
welche die Familie schon zuvor besaß, verfügte

man nun über erstklassige Voraussetzungen. Tatsächlich sind die Weine von solider Qualität. Vor allem dem Cabernet Sauvignon ❸–❹ fehlt es nicht an individueller Charakteristik. Der Chardonnay Reserve ❹ ist stets überaus mächtig.

Laurel Glen Vineyard ★★★
PO Box 548, Glen Ellen
Obwohl dieses Gut immer wieder mit neuen Sorten experimentierte, ist man bis heute beim Cabernet Sauvignon ❹ geblieben. Der aber mag in jeder Hinsicht zu überzeugen.

Matanzas Creek Winery ★★★
6097 Bennett Valley Road, Santa Rosa

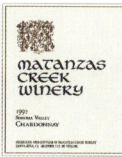

Dieses Gut hat mit mächtigem, eichenholzwürzigem Chardonnay ❹ und üppigem Merlot ❹ schnell Furore gemacht. Gut auch der der Sauvignon Blanc.

Ravenswood ★★★
18701 Gehricke Road, Sonoma
Obwohl hier auch gute Cabernet Sauvignon, beispielsweise die Cuvée Gregory ❹ oder geschmeidige Merlots wie der Sangiacomo ❹ produziert werden, ist dieses Gut gewissermaßen zum Inbegriff für hoch stehenden, vollfruchtigen, würzigen Zinfandel ❷–❹ geworden, der hier in nicht weniger als sieben Ausführungen, vom soliden Tischwein bis zur Prestige-Cuvée, vinifiziert wird.

Sebastiani Vineyards ★★
PO Box AA, Sonoma

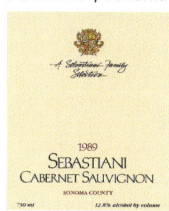

Die 1904 gegründete Kellerei überlebte die Prohibition nur mit dem Verkauf von Messwein. Heute führen Mutter Sylvia und Sohn Don Sebastiani das riesige Gut, das mit dem Kauf

der Dutton Ranch im Russian River Valley weiter an Qualität zugelegt hat. In der Standard-Linie findet man soliden Chardonnay ❷, Mourvèdre ❸, Zinfandel ❷, Barbera ❸, Cabernet Sauvignon ❷ und Cabernet Franc ❷.

Simi Winery ★★–★★★
PO Box 698, Healdsburg

Unter Führung der populären Weinmacherin Zelma Long ist Simi zu einem führenden Gut im weitläufigen Sonoma County geworden. Auch nach ihrem Weggang ist die Qualität des Cabernet Sauvignon Alexander Valley ❸ sehr solide. Dieser Wein ist wirklich sein Geld wert. Unter den zahlreichen Spezialitäten scheint die Cuvée Sendal ❹ aus Sémillon und Sauvignon Blanc besonders interessant.

Sonoma-Cutrer Vineyards ★★★
4401 Slusser Road, Windsor
Das Gut verfügt über 200 Hektar, darunter verschiedene vorzügliche Chardonnay-Lagen. Der Chardonnay Russian River Ranches ❸ ist frisch und früh trinkreif, der Les Pierres ❹ aus dem Sonoma Valley und Cutrer Vineyards ❹ aus Russian River sind äußerst vollmundige und langlebige Chardonnays.

Chateau St Jean ★★–★★★
8555 Sonoma Highway, Kenwood

Gehörte zu den Pionieren im Sonoma County. Heute im Besitz des japanischen Konzerns Suntory. Besitzt eine eigene Kellerei zur Produktion von Schaumwein ❸–❹. Interessante weiße Spezialitäten aus Sauvignon Blanc ❸, Gewürztraminer ❸. Die Hauptproduktion besteht aus Chardonnay ❸ und Pinot Noir ❸–❹.

Marimar Torres Estates ★★★
Purrington Creek Road, Sebastopol
Die Schwester von Miguel Torres, der im heimat-
lichen Penedès das mächtige Familienimperium
führt, produziert von den rund 25 Hektar ihres
«kleinen, aber feinen» Gutes im Sonoma Green
Valley stilvollen Chardonnay ➍ und ausgezeichneten Pinot Noir ➍.

Williams & Selyem ★★★★
6575 Westside Road, Healdsburg
Ed Selyem arbeitete lange Zeit als Drucker in
San Francisco, bis er in den späten Siebzigerjahren mit seinem Kollegen Burt Williams ins
Sonoma Valley zog, um Pinot Noir-Weine nach
burgundischem Vorbild zu erzeugen. Heute produzieren sie von Jahr zu Jahr eine unterschied-
liche Zahl von Pinot Noir-Weinen. Ihr Konzept
besteht darin, dass sie die besten Parzellen als
separate Crus ➎ vom Rebberg in die Flasche
bringen. Der Rest wandert in die Standard-
qualität ➍. Die Weine, in der Regel eher subtil
als mächtig, überzeugen mit dunkelbeeriger
reifer Frucht in Verbindung mit würziger Eiche.

MENDOCINO UND LAKE COUNTY

Fetzer Vineyards ★★★
PO Box 227, Redwood Valley

Trotz der Produktion
von immensen 30 Mil-
lionen Flaschen gilt
Fetzer (gehört heute zu
Brown-Forman Distillers)
immer noch als höchst
innovative Kellerei. Die
Weine des Bonterra-Labels etwa werden kon-
trolliert biologisch-organisch produziert. Selbst
die wirklich preisgünstigen Standard-Weine wie
der Fumé Blanc Mendocino County ➋, der
Chardonnay Mendocino County Barrel Select ➌,
der Cabernet Sauvignon North Coast Barrel
Select ➌ oder der Merlot California Eagle Peak
➋ sind stets von guter Qualität und allemal den
Kauf Wert.

Guenoc Winery ★★–★★★
PO Box 1146, Middletown

Das schon 1888 von
der Schauspielerin Lily
Langtry gegründete
Gut hat in den letzten
Jahren wieder an Quali-
tät zugelegt. Verarbei-
tet heute Trauben aus verschiedenen Teilen der
North Coast. Hat sich vor allem mit roten Sorten
wie Zinfandel ➌ und reinsortigem Petite Sirah
➌ einen Namen gemacht.

Husch Vineyards ★★★
4400 Highway 128, Philo
Die heutigen Besitzer, die Familie Oswald, hat
den Namen der nach ihrem Gründer genannten
Winery belassen. Die breite Palette an sorten-
typischen Weinen vermag stets zu überzeugen.
Unter anderem: Mendocino Chenin Blanc ➋,
Anderson Valley Gewürztraminer ➌ oder
Mendocino Cabernet Sauvignon ➌.

Kendall-Jackson Vineyards ★–★★
600 Matthews Road, Lakeport

Gehört zu den größten
Produzenten Kaliforniens
mit einem riesigen
Spektrum von Weinen.
Wichtigstes Produkt ist
der lieblich-buttrige, dabei spritzige Chardonnay ➋.

Konocti Cellars ★★
PO Box 890, Kelseyville
Eine Genossenschaft von rund 20 Winzern,
die meist schon lange Jahre im Lake County
leben. Zum Sortiment gehören üppiger Fumé
Blanc ➋, solider Chardonnay ➋ sowie ansprechender Cabernet Sauvignon ➋, Zinfandel
➋ und Cabernet Franc ➋.

Navarro Vineyards ★★★
5601 Highway 128, Philo
Ein Winzerbetrieb im klassischen Sinne. Allein schon das Angebot zeigt, dass man hier nicht jahrein jahraus Standard-Weine produzieren, sondern immer wieder mit Spezialitäten die Qualitäten des Terroirs herausfordern will. So entstehen in den Rebbergen im Anderson Valley faszinierende Gewürztraminer ❸, filigran trockener White Riesling ❸ und sortentypischer Pinot Noir Méthode l'Ancienne ❸.

Parducci Wine Cellars ★★
501 Parducci Road, Ukiah

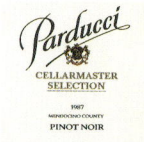

Die schon 1932 kurz vor Ende der Prohibition von der aus der Toskana stammenden Familie Parducci gegründete Kellerei war jahrzehntelang das einzig nennenswerte Weinbau-Unternehmen in Mendocino. Und noch heute ist diese Kellerei ein Garant für ehrliche, sortentypische Weine zu sehr moderaten Preisen. Das Angebot umfasst Chardonnay, Chenin Blanc, Gewürztraminer, Sauvignon Blanc, Cabernet Sauvignon, Merlot, Pinot Noir, Zinfandel ❷–❸ (alle). Die Serie Cellermaster ❸ steht für kräftigere Weine aus guten Jahren.

Roederer Estate ★★★
4501 Highway 128, Philo
Der Ableger des berühmten Champagnerhauses in Reims produziert im wilden Alexander Valley die besten Schaumweine Kaliforniens. Geschmeidiger, hefebetonter Anderson Valley Brut ❹ und die Spezialcuvée L'Ermitage ❺ vermögen zu überzeugen.

CENTRAL COAST

Alban Vineyards ★★★★
8575 Orcutt Road, Arroyo Grande
John Alban war der Wegbereiter der Rhône-Sorten im Bereich der Central Coast, vor allem im Edna Valley und San Louis Obispo County. Dabei versucht er die traditionelle Vinifaktion der Rhône mit West Coast-Winemaking – das heißt viel Holz – zu verbinden. Überzeugende Weine aus Roussanne ❹–❺, Viognier ❹, Grenache ❹ und Syrah ❺.

Au Bon Climat ★★★
Route 1, Santa Maria Mesa Road, Santa Maria
Auf den ersten Blick könnte man den quirligen Jim Clendenen für einen Rockmusiker halten. Er ist aber Winemaker und versteht es, das besondere, vom kühlenden Meer geprägte Mikroklima im Santa Barbara County zur Produktion vorzüglicher Pinot Noir-Weine aus verschiedenen Lagen ❹ zu nutzen. Die Chardonnays wie der Bien Nacido Vineyard ❹ sind stark eichenholzwürzig.

Bonny Doon Vineyard ★★–★★★
PO Box 8381, Santa Cruz

Der exzentrische Randall Graham gehört ebenfalls zu den Rhône-Pionieren. Seine Cuvée Le Cigare Volant ❸ hat eine ähnliche Sortenzusammensetzung wie ein Châteauneuf-du-Pape. Der Le Sophiste ❸ ist das weiße Gegenstück dazu. Die ungewöhnlichen Etiketten machen oft mindestens so viel Furore wie die Weine selber.

Byron Vineyard ★★★
5230 Tepusquet Road, Santa Maria
Byron Kenneth Brown gehört zu den großen Persönlichkeiten im aufstrebenden Santa Barbara County. Schon früh setzte er auf die Burgunder-Sorten. Heute gehört die nach ihm bennate Winery zur Mondavi-Gruppe, produziert Sie weiterhin vorzüglichen Chardonnay Reserves ❹ und Pinot Noir in Standard- ❸ und Reserve-Qualitiät ❹.

Calera Wine Company ★★★

11300 Cienega Road, Hollister
Viele haben sich in Kalifornien auf die Suche
nach dem besten Terroir für Pinot Noir gemacht.
Josh Jensen ist aber der Einzige, der es mit
dieser schwierigen Sorte in Gavilan Mountains
bei Hollister versucht. Mit großem Erfolg. Seine
verschiedenen Pinots ❸–❺ sind nicht nur teuer,
sondern vermögen mit dunklen Beerenaromen
und reichem Körper zu überzeugen.

Chalone Vineyard ★★–★★★

Stonewall Canyon Road, Soledad
In der Gegend von Monterey gibt es nicht viele
gute Weingüter. Chalone aber, in einer kühlen
Höhenlage gelegen, vermag zu überzeugen.
Der Chardonnay ❹ ist körperreich und elegant,
der Pinot Noir ❹ zeigt sich viel versprechend.

Concannon Vineyard ★★

4590 Tesla Road, Livermore

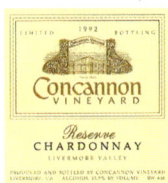

Der Traditionsbetrieb ge-
hört heute zu Wente.
Solider Cabernet Sauvig-
non ❸ sowie Sauvignon
Blanc und Sémillon in
Sortenweinen ❸ und
Cuvées ❸. Spezialität:
der Petite Sirah aus 75-jährigen Stöcken ❸.

Maison Deutz ★★★

453 Deutz Drive, Arroyo Grande
William Deutz in Ay (Champagne) bewies Mut,
als er seinen Neue Welt-Ableger an der Central
Coast gründete. Solider Brut ❸ und vollmundiger, kremiger Jahrgangs-Grande Reserve ❹
gehören zum Sortiment.

Eberle Winery ★★★

Highway 46 East, Paso Robles
Gary Eberle ist ein ehemaliger Doktor der
Zoologie, der heute mit intensivem Cabernet
Sauvignon ❸, herb-aromatischem Barbera ❸,
vor allem aber mit einem Zinfandel im traditio-
nellen Stil ❸ für Furore sorgt.

Firestone Vineyards ★★–★★★

5017 Zaca Station Road, Los Olivos

Der erste und heute noch
führende Betrieb im Santa
Ynez Valley besitzt rund
100 Hektar eigene Reb-
berge und produziert süf-
fige, elegante, meist mittelgewichtige Weine. Im
Sortiment findet man süf-
figen Riesling ❷, fruchtigen Gewürztraminer ❷
und eleganten Merlot ❸. Interessant auch der
Dessertwein Selected Harvest Riesling ❹.

Qupé ★★★

Route 1, Santa Maria Mesa Road, Santa Maria

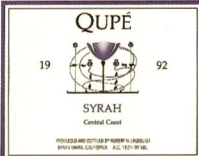

Der eher intro-
vertierte Bob
Lindquist ist der
Erste, der Rhône-
Sorten in wirklich
großen Quantitä-
ten auf den
Markt bringt. Die Qualität ist trotzdem viel ver-
sprechend. Wundervoll der Syrah aus dem Bien
Nacido Vineyard ❹.

Ridge Vineyards ★★★★

17100 Monte Bello Road, Cupertino

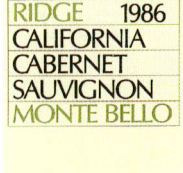

Schon Anfang der
Sechzigerjahre ge-
gründet. Der einige
Jahre später dazuge-
stoßene Paul Draper
hat dieses Gut zu einem
der renommiertesten
in ganz Kalifornien
gemacht. Eine beson-
dere Spezialität Drapers ist der Zinfandel. Die
Trauben für den Ridge Lytton Springs Zinfandel
❹ kommen allerdings aus Sonoma. Ungewöhn-
lich, aber überzeugend auch Ridge Geyserville
❹, eine Cuvée aus Zinfandel, Carignane und
Petite Syrah, ebenfalls aus dem Sonoma County.
Flaggschiff des Hauses ist aber der kon-

zentrierte, langlebige Cabernet Sauvignon Montebello ❺ aus dem eigenen Rebberg in den Santa Cruz Mountains.

Sine Qua Non ★★★★
Ventura Avenue, Ventura

Manfred Krankl, Mitbesitzer eines Restaurants und einer Spezial-Bäckerei in Los Angeles, produziert seit einigen Jahren zusammen mit Frau Elaine kleine Quantitäten absoluter Spitzenweine, die in eigenwilliger künstlerischer Aufmachung auf den Markt kommen. Sein besonderes Engagement gilt den Rhône-Sorten, vor allem der Syrah ❺, aus denen er monumentale Gewächse keltert. Die weiße Cuvée ❺ besteht aus Roussanne und Chardonnay.

Talley Vineyard ★★–★★★
3031 Lopez Drive, Arroyo Grande
Die Talley sind eine vermögende, schon lange in der Gegend von San Luis Obispo ansässige Familie. Sie produzieren einen recht vollmundigen Chardonnay ❸. Das Paradepferd ist aber der sehr aromatische, robuste Pinot Noir ❹.

The Ojai Vineyard ★★★★
PO Box 952, Oak View

Die Kellerei von Helen & Adam Tolmach befindet sich in einer Farm, hoch über dem kleinen Städtchen Ojai gelegen. Hier vinifizieren die beiden unglaublich üppigen Viognier ❹ und konzentrierte Syrahs aus Weinbergen mit Namen wie Bien Nacido ❹, Stolpman ❹ und Rolle Ranch ❺.

Wente Bros. ★★
5565 Tesla Road, Livermore
Mit über 500 Hektar ein Gigant im Livermore Valley. Speziell der Einzellagen-Sémillon Louis Mel ❸ und Einzellagen-Chardonnay Herman Wente ❸ sind beachtenswert.

Zaca Mesa Winery ★★–★★★
PO Box 899, Los Olivos
Gehört ebenfalls zu den Pionieren im Santa Ynez Valley. Produziert guten Chardonnay ❸ und eleganten Pinot Noir ❸. Wie viele Betriebe in der Gegend setzt man nun auch vermehrt auf Rhône-Sorten. Der Syrah ❹ vermag zu gefallen.

CENTRAL VALLEY

Woodbridge ★–★★
5950 East Woodbridge Road, Lodi
Die ehemalige Kooperative, die teilweise von Robert Mondavi übernommen wurde, produziert gewaltige Mengen. Chardonnay ❷–❸, Cabernet Sauvignon ❷–❸, Merlot ❷–❸ sind ansprechende Weine zu heute nicht mehr ganz günstigen Preisen.

E. & J. Gallo ★–★★★
PO Box, 1130 Modesto
Die größte «Weinfabrik» der Welt, zu der schon 1933 der Grundstein gelegt wurde, hat eine Kapazität von ca. 10 Millionen hl. Von süffigen Gattungsweinen ❶–❷ bis zu anspruchsvolleren Reserve Cellars ❷–❸ findet sich alles im riesigen Sortiment.

OREGON

Arterberry Winery ★★★
PO Box 772, McMinnville
Das 1979 gegründete Gut gehörte anfangs zu den Pionieren der Schaumweinproduktion in Oregon. Heute überzeugen vor allem der Chardonnay ❷–❸ sowie der gut strukturierte, elegante Pinot Noir ❷–❹.

The Beaux Frères Vineyard ★★★★
North Valley Road 15155, Newberg

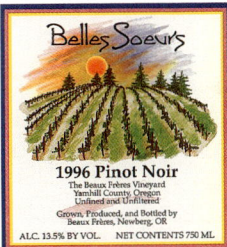

Michael Etzel, der Schwager des weltberühmten Weinpapsts Robert Parker jun., produziert mit extrem langer Maischengärung und 100 Prozent neuem Holz hoch konzentrierten, eichenholzwürzigen Pinot Noir ❺. Die Weine des Zweitlabels Belles Sœurs ❹ sind etwas leichter und billiger.

Domaine Drouhin ★★★
PO Box 700, Dundee
Auf Initiative von Robert Drouhin hat das bedeutende Handelshaus aus Beaune im fernen Oregon mit viel Geld ein 70 Hektar großes Parade-Weingut aufgebaut, für das heute Tochter Veronique verantwortlich zeichnet. Der Pinot Noir ❹, der nur zu einem kleinen Teil in neuem Holz reift, verrät mehr einen burgundischen Stil und fällt nicht so süßlich-üppig aus wie andere Pinots in Oregon. Nun, da immer mehr eigene Reben in Ertrag kommen, dürften die eh schon sehr guten Weine weiter an Qualität zulegen.

Elk Cove Vineyards ★★★
27751 NW Olson Road, Caston

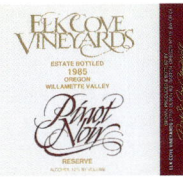

Joe und Pat Campbell haben sich das Weinmachen selber beigebracht. In den letzten Jahren sind sie in ihre Arbeit immer stilsicherer geworden. Der Standard-Pinot Noir ❸ bietet mit seiner aromatischen und doch körperreichen Art viel Wein zu einem vernünftigen Preis. Der Estate Pinot Noir ❹, nach klassischer Art des Burgunds vinifiziert, ist konzentrierter und lagerfähiger. Das Gut beweist wie andere auch, dass Riesling ❸ und Pinot Gris ❸ in Oregon Erstaunliches hervorbringen können.

Panther Creek Cellars ★★★
455 N Irvine, McMinnville
Die 1986 gegründete Kellerei vermag nach etlichen Turbulenzen wieder an ihre viel versprechende Anfangszeit anzuknüpfen. Interessanter weißer Melon ❷–❸ und eleganter Pinot Noir ❷–❹.

Rex Hill Vineyards ★★–★★★
30835 N Hwy 99 W, Newberg
Die erste mit wirklich viel Kapital gebaute Kellerei konnte in den letzten Jahren permanent an Qualität zulegen. Interessanter, vollmundiger Pinot Gris ❷–❹ sowie verschiedene Einzellagen-Pinot Noirs ❸–❹.

Ken Wright ★★★★
PO Box 190, Carlton
Der Pinot-Magier im verschlafenen Dorf Carlton vinifiziert sechs Individual Vineyard Pinots ❹ aus drei verschiedenen Terroirs, 14 verschiedenen Parzellen und über 100 Mikrovinifikationen. Sein Stil: betörende, beerige Frucht und ein Körper, dem es trotz aller Opulenz nicht an der richtigen Dosis Gerbstoff mangelt. Vorzüglich auch der Pinot Blanc ❸, der Melon de Bourgogne ❸ und die beiden Chardonnays ❸–❹.

WASHINGTON

Chateau Ste Michelle – Columbia Crest ★★★
1 Stimson Lane, Woodinville

Mit weit über 1000 Hektar Rebfläche die wichtigste Kraft im aufstrebenden Weinbau in Washington. Produziert eine große Palette von zuverlässigen Sortenweinen. Sehr gut der Merlot Columbia Crest ❸ mit delikatem Kräuteraroma und seidiger Textur. Zu überzeugen vermögen auch der saftige Chardonnay ❷ und die ausgesprochen reichhaltigen Sémillons ❷.

Columbia Winery ★★★
14030 NE 145th, Woodinville

Hier wird seit den späten Sechzigerjahren Wein produziert. Das Gut ging aus einer Vereinigung von Hobbywinzern hervor. Heute ist die Qualität konstant gut. Flaggschiff des Hauses sind sowohl der Columbia Valley Merlot ❸ sowie die Merlot-Selektion vom Red Wollow Vineyard ❹, ein ausgesprochen beerig-harmonischer und doch kräftiger Wein, dem ein kleiner Anteil von Cabernet Franc zusätzliche Festigkeit verleiht. Auch der reinsortige Cabernet Franc ❸ aus dem gleichen Weinberg und der volle Sémillon ❶ vermögen zu überzeugen.

The Hogue Cellars ★★★
PO Box 31, Prosser

Aus den 300 Hektar gutseigener Reben keltert die Familie Hogue kontinuierlich Weine, die zu den besten Washingtons gehören. Profiliert hat sich das 1982 gegründete Gut vor allem mit Fumé Blanc ❷, Sémillon ❷ und einer Cuvée aus Sémillon und Chardonnay ❷. Bei den Rotweinen setzt man neben Merlot ❷ und Cabernet Sauvignon ❸ auch auf die deutsche Sorte Lemberger, von der man sich im Norden der Westküste ein gutes Potenzial verspricht.

Leonetti Cellars ★★★★
1231 School Avenue, Walla Walla

Zuerst hatte man die Vision, hier einen Cabernet Sauvignon im vollreifen, würzigen und nach Minze riechenden Stil des Martha's Vineyard von Heitz in Kalifornien zu kreieren. Dies ist auch wahrlich nicht schlecht gelungen. Der Cabernet mit süßem Kräuterduft ❺ ist wohl beste und eigenständigste in Washington. Doch hat man jetzt auch bei Leonetti gemerkt, dass der Merlot vielleicht doch mehr Potenzial hat. Die Merlots ❺ der letzten Jahre jedenfalls überzeugen mit reifer Frucht und vollem Körper.

The Woodward Canyon Winery ★★★
Route 1, Box 387, Lowden

Besitzer Rick Smalls erstes Ziel ist es, körperreiche, konzentrierte Weine zu produzieren. Und dies gelingt ihm tatsächlich auf eindrückliche Weise. Sein Chardonnay ❺ ist buttrig und gaumenfüllend und hat doch eine saftige Säure. Der ebenfalls mächtige Cabernet Sauvignon ❺ zeigt eine tiefe, beerige Frucht mit reichlich Vanillton aus dem Barrique.

Zehn empfehlenswerte Weingüter
In dieser Liste empfehlen wir gute Produzenten, die Weine in solcher Menge herstellen, dass sie permanent im Handel erhältlich sind:

Beringer, Napa Valley	★★★★
Cuvaison, Napa Valley	★★★–★★★★
Robert Mondavi, Napa Valley	★★–★★★★
Vichon, Napa Valley	★★–★★★
Geyser Peak, Sonoma	★★–★★★
Kenwood, Sonoma	★–★★★
Simi Winery, Sonoma	★★–★★★
Fetzer Vineyards, Sonoma	★–★★★
Ridge Vineyards, Central Coast	★★★★
Chateau Ste Michelle, Washington	★★★

Die Vinoteca-Empfehlungen

Hier sind einige Beispiele von Weinen durch alle Preilagen und Kategorien, die sich durch zuverlässige Qualität und Preiswertigkeit auszeichnen. Sie werden alle in größeren Mengen erzeugt, sodass die Chancen gut stehen, sie im Handel (Bezugsquellen S. 76) zu finden. Für Verfügbarkeit und Preisangaben kann allerdings keine Garantie übernommen werden. Die Qualität kann je nach Jahrgang leicht schwanken, die Preise können je nach Verkaufsort variieren.

Weinname	Weincharakter	Qualität	Preise	Lagerfähigkeit	Beispiele zum Essen
Sparkling Wine, Domaine Chandon, Napa Valley Brut	trocken, frisch und fest	★★★	❷ – ❸	kommt trinkreif auf den Markt	als Aperitif, zu Fisch und Vorspeisen
Sémillon, Chateau Ste Michelle, Columbia Valley, Washington	Kräuteraromen, weich und saftig mit Merlot	★★	❷ – ❸	innerhalb 2 bis 3 Jahren trinken	Fisch, Hors d'œuvres, Pasta, Risotto
Sauvignon Blanc, Buena Vista, Lake County	aromatisch, kräftig, rund	★★	❷ – ❸	schmeckt jung getrunken am besten	zu Aperitif, Fisch, Pastete, Pizza
Einfacher Chardonnay, Fetzer, California Chardonnay, Sun Dial	sauber, frisch, Aromen exotischer Früchte	★★	❷ – ❸	am besten nach 2 bis 3 Jahren	Fisch, Vorspeisen, Curry-Fleisch, Pizza
Spitzen-Chardonnay, Kistler, Sonomoa Valley Estate	vollmundig, eichenholz-würzig	★★★★★	❺	am besten nach 4 Jahren, max. 10 Jahre	Lachs, Zander, Carpaccio, Huhn
einfacher Cabernet Sauvignon, Woodbridge, Mondavi, Central Valley	fruchtig, elegant, mittelgewichtig	★★	❷ – ❸	am besten nach 2 bis 4 Jahren zu trinken	Hamburger, Pizza, Grillgerichte, Leber
Merlot, Firestone Vineyards, Santa Barbara	samtig, weich und reif	★★	❷ – ❸	innerhalb 3 bis 4 Jahren trinken	gebratenes Schweinefleisch, Pasteten, Pasta, Pilzgerichte
Pinot Noir Reserve, Mondavi, Napa Valley	dunkle Beeren, vollmundig, elegant	★★★★	❺	nach 4 J. trinkreif, max. bis 20 Jahre	Kaninchen, Geflügel, gekochtes Rindfleisch
Zinfandel, Ridge, Geyserville	dunkle Beeren, unglaublich konzentriert	★★★★	❸ – ❹	optimal nach 5 Jahren, max. 12 Jahre	chinesische Gerichte, Wild, gebratene Leber
Cabernet Sauvignon Reserve, Beringer, Napa Valley	konzentrierter, opulenter Wein	★★★★★	❺	nach 4 Jahren trinkreif, max. bis 20 Jahre	Lamm, Bison, Kaninchen
Syrah, Bien Nacido, Qupé, Central Coast	opulent, üppig, likörig-konzentriert	★★★	❹	nach 4 Jahren gut, hält bis 15 Jahre	Wild, Spareribs, Satay
Spitzencuvée, Dominus, Napa	dunkle Beeren-aromen, vollmundig, ungemein elegant	★★★★★	❺	nach 4 bis 15 Jahren	Bison, Lamm, Steak

Gut einkaufen

Beim Weinerzeuger

An der Quelle selbst macht das Weinkaufen sicher am meisten Spaß. Sie können vor Ort degustieren und diskutieren, in kleineren Weingütern meist mit dem Inhaber oder Kellermeister persönlich. Sie dürfen sich in den Rebbergen und im Keller umsehen und erhalten so einen guten Eindruck von dem Betrieb.

An der amerikanischen Westküste ist der Direktkauf praktisch bei allen Erzeugern möglich. Die Güter sind sogar daran interessiert, denn sie können dabei die Marge der Wiederverkäufer teilweise in die eigene Kasse leiten. Das heißt aber auch, dass die Preise, zumindest bei renommierten Gütern, nicht automatisch viel tiefer sind als auf dem Markt.

Im Wine-Shop

Vor allem Kaliforniens Weingebiete sind für Weinreisende perfekt erschlossen. Vielfältige Degustationsmöglichkeiten und Besucherprogramme sind die Regel. In den Weindörfern findet man überall Wine-Shops mit großer Weinauswahl. Das Personal ist in der Regel gut geschult und weiß auf alle wichtigen Fragen zu antworten.

Beim Kauf im Weingebiet beachten

Denken Sie daran, dass der Transport im Kofferraum des Wagens, der bei sommerlicher Hitze unglaublich heiß wird, dem Wein schaden kann. Fahren Sie also ihre kostbare Fracht nicht tage- oder gar wochenlang darin herum. Im (klimatisierten) Wageninneren sind die Verhältnisse deutlich besser.

Im Weinfachgeschäft

Fast jedes Fachgeschäft hat seine Spezialgebiete. Sie sollten in unserem Fall Ausschau halten, nach einem Kalifornien-Spezialisten. Ideal ist natürlich, wenn Sie sich «Ihren» Weinhändler aufbauen und einen Fachmann zur Hand haben, dem Sie vertrauen. Als Stammkunde wird er Sie bevorzugt behandeln, er wird sich Zeit zum Fachsimpeln nehmen und Ihnen wertvolle Tipps – vielleicht auch zu einer Reise nach Kalifornien – vermitteln können, besonders wenn er, was meistens der Fall ist, seine Lieferanten persönlich kennt.

Beurteilung der Einkaufsquellen

Einkaufsquelle	Auswahl	Preise	Verkostung	Beratung	Service
Weingut, Erzeuger	minimal	normal	ideal möglich	sehr gut	gut
Wine-Shop im Weingebiet	regional maximal	normal	beschränkt möglich	gut bis sehr gut	gut
Weinfachhandel	optimal auch im oberen Bereich	eher hoch	gut bis sehr gut möglich	gut bis sehr gut	sehr kulant
Weinversender	gut bis sehr gut	eher hoch	nur über Probebestellung	gut	sehr kulant
Verbrauchermarkt	sehr gut im unteren Preisbereich	günstig	kaum möglich außer bei Aktionen	minimal	minimal
Messen	sehr unterschiedlich je nach Messe	normal	in der Regel gut möglich	normal bis sehr gut	normal

Beim Weinversender

Zumindest große Versandhändler haben oft ein interessantes und übersichtlich gestaltetes Angebot. Kalifornien nimmt darin meist eine bevorzugte Stelle ein. Mittels Schnupperpaketen oder -Angeboten ist es möglich, sich zu einem Vorzugspreis einzelne Probierflaschen zustellen zu lassen.

Auf Weinmessen

Für viele Leute sind sie Anlass, zu einigen Gratis-Gläschen zu kommen. Doch aufgepasst: Im Rummel und vor allem in leicht beschwipsten Zustand hat schon mancher Trinker übereilt gekauft. Wenn bei einer Messe aber in Ruhe verkostet und verglichen und mit dem Aussteller ein vernünftiges Wort gewechselt werden kann, so ist diese Einkaufsquelle durchaus empfehlenswert.

IM LEBENSMITTELHANDEL

In den Supermärkten hat der Wein einen wichtigen Stellenwert und manche der Ladenketten haben sehr erfahrene und gewiefte Einkäufer. Durch die Einkaufsmengen können sie besonders im unteren Preisbereich oft unglaublich günstige Angebot unterbreiten. Im Discount ist dies der Fall bei Aldi, in den Supermärkten Spar, Rewe, Kaiser's, Wertkauf und Eurospar.
In den Weinregalen der Kaufhäuser Kaufhof, Karstadt, Hertie, Horten und besonders im Berliner KaDeWe entdecken Sie teilweise hervorragende Weine. Im Bereich um die zehn Mark und mit ausgezeichnetem Preis-Leistungs-Verhältnis sind Edeka, Tengelmann, Familia Nord oder Globus stark.

FRAGEN AN DEN VERKÄUFER

Über die generellen Punkte der kalifornischen Weine, wie Weintypologie, Weinzonen oder Jahrgänge, wissen Sie jetzt dank diesem Band bestens Bescheid. Was Sie erfragen sollten, sind Einzelheiten und Eigenheiten eines Produzenten und seiner Weine.

- Zu den Traubensorten: Welche sind zu welchen Anteilen in diesem Wein enthalten, sofern dies nicht auf dem Etikett steht?
- Was ist spezifisch für das Terroir des Betriebs, für Kulturform und die Pflanzdichte der Reben?
- Zum Faktor Umwelt: Wie wird produziert: traditionell, integriert (umweltverträglich) oder biologisch?
- Zur Ernte: Wurden die Trauben von Hand gelesen oder maschinell geerntet?
- Zur Weinbereitung: Wie lange dauern Maischezeit und Vergärung?
- Zum Ausbau: Wie lange war der Wein im Tank, im Holzfass oder in der Barrique?
- Zum Produzenten: Wie groß ist der Betrieb? Wie alt ist er? Welches ist der Werdegang des Winzers, wer sind seine Berater (Önologen)?
- Zum Jahrgang: Gab es beim Erzeuger Besonderheiten in diesem Jahr?
- Zum Wein: Welches sind die Charakteristiken und zu welchen Gerichten empfiehlt er sich?
- Zur Lagerfähigkeit: Wann ist die optimale Trinkreife erreicht? Wie viel Jahre kann er maximal gelagert werden?
- ★ Wie viel Flaschen wurden von diesem Wein abgefüllt?
- ★ Zu Auszeichnungen: Hat das Weingut oder der Wein irgendwelche Auszeichnungen erhalten oder Prämierungen gewonnen?

Detaillierte Informationen über den Einkauf von Wein finden Sie im Vinoteca-Band «Einkaufs-Guide Wein».

Klug einkellern: kalifornische Weine

Auf diesen Seiten vermitteln wir Ihnen einige Anregungen und Ratschläge für den Einkauf kalifornischer Weine und den Aufbau eines kleinen Vorrats oder gar einer amerikanischen Abteilung in Ihrem Weinkeller.

Zur Einkaufsplanung

Am besten legen Sie sich einen Einkaufs- oder Einlagerungsplan zurecht. Anhand des kleinen Schemas unten können Sie dann Ihren Jahresbedarf an Flaschen und das erforderliche Budget abschätzen.

Kreuzen Sie bei jedem Punkt im Schema an, was für Sie zutrifft, und setzen Sie in der letzten Kolonne die über den Spalten genannten Punktzahlen ein:

	3	2	1	Punkte
Stellenwert Kaliforniens	hoch	mittel	gering	
Eigene Lagermöglichkeiten	Ideal	beschränkt	gering	
Weinkonsum pro Woche	mehr als 5 Fl.	bis 5 Flaschen	bis 2 Flaschen	
Total Punkte				

Aufgrund der Punktzahl haben wir Ihnen einige Vorschläge ausgearbeitet, die sie natürlich noch ganz nach Ihren eigenen Vorlieben und Bedürfnissen variieren können.

8–9 Punkte

Sie sind ein ausgesprochener West Coast-Fan (inkl. Oregon und Washington) und Weinfreak zugleich. Für Sie kommt nur das Beste in Frage. Richten Sie in Ihrem Weinkeller eine Ecke dafür ein und pflegen Sie diesen Vorrat. Mit 1500 Mark müssen Sie dabei rechnen. Unser Einkaufsvorschlag:

Alltagsweine, zum baldigen Konsum

24 Flaschen einfache Rotweine ♟	DM	300,–
12 Flaschen Weißwein ♟	DM	150,–

Sonntagsweine, trinkreife Jahrgänge

12 Flaschen festlicher Rotwein ♟	DM	240,–

Lagerweine für große Gelegenheiten

12 Flaschen Lagerweine ♟	DM	400,–
6 Flaschen Super-Kalifornier ♟	DM	400,–
66 Flaschen total	DM	1490,–

5–7 Punkte

Sie haben viel übrig für Kalifornien und seine Weine. Sie sollten einen schönen Querschnitt an Gewächsen im Vorrat haben. Rechnen Sie mit ca. 600 Mark.

12 Alltagsweine, rot oder weiß ♟♟	DM	150,–
6 Sonntagsweine (trinkreif) ♟	DM	120,–
6 Lagerweine / Super-Kalifornier ♟	DM	300,–
24 Flaschen total	DM	570,–

3–4 Punkte

Die amerikanische Westküste ist für Sie eine Weingegend unter vielen. Sie werden sich also einige schöne Flaschen bereit halten. Rechnen Sie mit einer Investition von 300 Mark.

6 Flaschen Trinkweine ♟♟	DM	70,–
3 Flaschen Sonntagsweine ♟	DM	60,–
3 Flaschen Lagerweine ♟	DM	150,–
12 Flaschen total	DM	280,–

Richtig servieren: kalifornische Weine

Gläser machen Weine, sagt man nicht zu Unrecht. Ein einfacher Tropfen schmeckt besser aus einem schönen Glas und ein kostbares Gewächs kommt in einem Kelch besser zur Geltung.

Gute Weingläser haben Tulpenform. Sie werden nur zu einem Drittel gefüllt, damit im sich verjüngenden Hohlraum oben das Bukett sammeln kann. Je komplexer und hochklassiger ein Wein ist, desto voluminöser sollte das Weinglas sein.

Hier sehen Sie drei gute Beispiele für kalifornische Weine. Links ein stilvolles Glas für fruchtige, frische Weißweine. Ein zartes Bukett steigt aus einem schlanken Kelch besonders fein in die Nase. In der Mitte ein einfaches, aber zweckmässiges Glas für einfache Weine des Alltags. Rechts ein voluminöses Rotweinglas, das

selbst den großartigsten Weinen Kalifornienes gerecht wird. Ehre wem Ehre gebürt!

Achten Sie auf die richtige Ausschank-Temperatur. Die Tabelle unten gibt Auskunft. Zu kühl ist in jedem Fall besser als zu warm. Bei Zimmertemperatur, die ja meist über 20 Grad liegt, erwärmen sich die Weine im Glas rasch und die Trinktemperatur steigt schnell um einige Grade an.

 8–10° Weißweine

12–14° einfache Rotweine

14–16° gehaltvolle Rotweine

16–18° wuchtige Rotweine

Dieser schlanke Kelch ist ein gutes Weißweinglas.

Ein einfacher Glastyp für einfache Weiß- und Rotweine.

Dieser voluminöser Kelch wird edlen Rotweinen gerecht.

Weinfach-und Weinversandgeschäfte mit gutem Kalifornien-Sortiment
(* überregionale Anbieter oder Versender):

52062 Aachen, Nagel & Hoffbauer
Tel. 0241/470160
73430 Aalen, Weinmarkt Grieser
Tel. 07361/6537
76530 Baden-Baden, Schenk*
Tel. 07221/3540
29549 Bad Bevensen, Heinz Eggert
Tel. 05821/7022
94167 Bad Griesbach, Weingarten Eden
Tel. 08532/920050
61348 Bad Homburg, E & J Gallo Winery*
Tel. 06172/925844
12109 Berlin, California Vintage
Tel. 030/7032354
44797 Bochum, Weinversand Arndt*
Tel. 0234/799424
53227 Bonn, Wein Wolf*
Tel. 0228/4496230
28217 Bremen, Eggers & Franke*
Tel. 0421/691530
28217 Bremen, Eggers Sohn
Tel. 0421/691530
28217 Bremen, Reidemeister & Ulrichs*
Tel. 0421/39940
86807 Buchloe, Alpina Burkard Bovensiepen*
Tel. 08241/500548
35510 Butzbach, The California Wine Company
Tel. 06033/16651
40593 Düsseldorf, Vinothek Michael Dohr
Tel. 0211/7103675
85435 Erding, La Cave Steines
Tel. 08122/18200
60596 Frankfurt, Rupert Rösch Weine
Tel. 069/613397
20209 Hamburg, CWD Champagner und Wein
Tel. 04122/504504
20251 Hamburg, Weinhandel A. Viehhauser
Tel. 040/4807889
69120 Heidelberg, Macha
Tel. 06221/412883

65239 Hochheim, Frankhof Kellerei*
Tel. 06146/9030
65719 Hofheim, DC Ges. für Weinimporte
Tel. 06192/20970
85635 Höhenkirchen-Siegertsbrunn, Bonvino
Tel. 08102/71071
34131 Kassel, Weinhandlung Apell
Tel. 0561/3160717
50667 Köln, Weinstrasse Adolph
Tel. 0221/312413
53340 Meckenheim, Schlumberger KG*
Tel. 02225/9250
41063 Mönchengladbach, N & M Weine
Tel. 02161/181316
80997 München, California Wines
Tel. 089/1493129
66620 Nonnweiler, Robert Mondavi*
Tel. 06873/90170
90411 Nürnberg, Koessler & Ulbricht
Tel. 0911/525153
93055 Regensburg, Weinkontor Hauser
Tel. 0941/4613092
25462 Rellingen, Rindchen Weinkontor
Tel. 04101/20761
83700 Rottach-Egern, Weinblüte
Tel. 08022/26135
25980 Tinnum-Sylt Ost, Weingrosshandlung
Fuchs, Tel. 04651/31001
25436 Tornesch, Hanseatisches Wein- und
Sekt-Kontor*, Tel. 04122/504433
54290 Trier, Bernard-Massard
Tel. 0651/7196196
65201 Wiesbaden, Remy Deutschland*
Tel. 0611/250352
58300 Wetter, Schütz Weinimport
Tel. 02335/2782
28844 Weyhe-Dreye, Segnitz & Co. GmbH
Tel. 04203/81300

Lebensmittelhandel mit gutem Kalifornien-Angebot:
Globus, Dohle/Hit, Karstadt/Hertie, KaDeWe,
Kaufhof Galeria, Wertkauf, Handelshof, Famila/
citti, Real, Ratio Cash & Carry, AVA/Edeka mit
Marktkauf und dixi.
Gut in Preis und Leistung unter 10,– DM:
Aldi, penny, hl und minimal.

Schweiz: Coop, Pick-Pay, vis-à-vis, Familia, 9001 St.Gallen, Martel AG, Tel. 071/2269400 8002 Zürich, Mövenpick*, Tel. 01/2011277

Österreich: Merkur, Mein Gourmet, Wein&Co.

Weitere Bezugsquellen finden Sie im Internet unter der Adresse: www.vinoteca.falken.de

ADRESSEN IN KALIFORNIEN

Allgemein
Wine Institute of California
425 Market Street, Suite 1000
San Francisco, CA94105
Tel. (415)512-0151

Napa Valley
Napa Valley Conference and Visitors' Bureau
1310 Napa Town Centre, Napa, CA94559
Tel. (707)226-7459

Auberge du Soleil
180 Rutherford Hill Road, Rutherford, CA94573
Tel. (707)9631211, Hotel der Luxusklasse

Meadowood Resort Hotel
900 Meadowood Lane, St.Helena, CA94574
Tel. (707)9633646, Luxus im Farmerstil

Mustards Grill
7399 St.Helena Highway, Napa, CA94558
Tel. (707)9442424, Kalifornische Küche

Tra Vigne
1050 Charter Oak Avenue, St.Helena, CA94574
Tel. (707)9634444, Kalifornische Küche

Sonoma County
Sonoma Valley Visitors Bureau
453 First Street East, Sonoma, CA95476
Tel. (707) 9961090

Madrona Manor
1001 Westside Road, Healdsburg, CA95448
Tel. (707) 4334231, Viktorianisches Gästehaus

John Ash & Company
Vintner's Inn
4330 Barnes Road, Santa Rosa, CA95403
Tel. (707)5277687, Spitzenküche am Highway 101

Mendocino
Mendocino County Convention & Visitors Bureau
PO Box 244, Ukiah, CA95482
Tel. (707)4623091

Highland Ranch
PO Box 150, Philo, CA95466
Tel. (707)8953600, Privatranch mit Zimmer

Café Beaujolais
961 Ukiah Street, Mendocino, CA95460
Tel. (707)9375614, Aussergewöhnliches Rest.

Central Coast
Ventana
Highway 1, Big Sur, CA93920
Tel. (408)6672331, Zimmer mit Aussicht

Wine Cask
813 Anacapa Street, Santa Barbara, CA93101
Tel. (805)9669463, Das Lokal für Wein-Freaks

Oregon
Portland Oregon Visitors Association
26 SW Salmon Street, Portland, OR972204
Tel. (503)2222223

Springbrook Hazelnut Farm
30295 Highway 99W, Newberg, OR97132
Tel. (503)5384606
Wundervolles Bed & Breakfast

Tina's
760 Highway 99W, Dundee, OR97115
Tel. (503)5388880, Lieblingslokal der Winzer

Washington
Seattle Visitors & Convention Bureau
800 Convention Place, Seattle, WA98101
Tel. (206)4615840

Yakima Valley Visitors & Convention Bureau
10 North 8th Street, Yakima, WA98901
Tel. (509)5751300

Clover Island Inn
435 Clove Island, Kennewick, WA99336
Tel. (509)5860541
Komfortables Hotel am Fluss

Im FALKEN Verlag sind zahlreiche Titel zum Thema «Wein»
erschienen. Sie finden sie überall dort, wo es Bücher gibt.

Sie finden uns im Internet:
www.falken.de und www.vinoteca.falken.de

Dieses Buch wurde auf chlorfrei gebleichtem und
säurefreiem Papier gedruckt.

Der Text dieses Buches entspricht den Regeln der neuen deutschen
Rechtschreibung.

ISBN 3 8068 7440 9

Umschlaggestaltung: Peter Udo Pinzer
Gestaltung: Peter Jaray, Zürich
Konzept: Dr. Gerhard Kebbel
Redaktion: Barbara Fleig
Lektorat: Dr. Dietrich Voorgang, Heidenrod
Herstellung: Daniel Moosberger, Oensingen
Umschlagfoto: Fotografie Friedemann Rink / Susa Kleeberg, Naurod
Fotos und Illustrationen im Innenteil:
Vinum, das internationale Weinmagazin

Die Ratschläge in diesem Buch sind vom Autor und vom Verlag
sorgfältig erwogen und geprüft, dennoch kann eine Garantie nicht
übernommen werden. Eine Haftung des Autors bzw. des Verlags
und seiner Beauftragten für Personen-, Sach- und Vermögens-
schäden ist ausgeschlossen.

Litho und Satz: Offset-Satz AG, Zürich
Druck: Druckerei Uhl, Radolfzell

817 2635 4453 6271